日々の授業から
校内研修・研究授業まで
フルサポート！

小学校 **外国語活動・**
Foreign Language Activities
外国語
Foreign Language
授業づくり
ガイドブック

菅 正隆 著

明治図書

はじめに

　2020年4月より，小学校において，中学年では「外国語活動」が週1時間行われ，高学年では教科「外国語」が週2時間行われることとなった。これは，平成23年（2011年）度に日本で初めて「外国語活動」が教育課程に導入されたことに続く，歴史的な第二弾の出来事となる。しかし，これが，羊頭狗肉の格言のように，学習指導要領の中味は立派でも，実際に行われている授業の中味や子どもに身に付いている能力がさんざんなものであったら，見せかけは立派でも実体は違うと，社会や保護者，子ども達から非難を受けかねない。それを危惧して，この本を上梓することとなった。

　本書は，理論編，準備編，指導編，実践編，資料編からなり，理論と実践の両立をめざして作成している。したがって，個人で英語教育の理念や哲学を知ったり，授業指導力を向上させるために読んだり，校内研修や都道府県，市町村での研修のテキストとして活用したり，大学の教科教育法「外国語」や教科「外国語」の授業での指導書や教科書として使用したりしていただければと思っている。もちろん，本書を研修や自己啓発に使用したりしていただくだけでなく，小学校英語教育の歴史書としてもお読みいただけるものと思っている。

　私ごとになるが，大阪の高校で毎日生活指導に走り回っていた教員の頃，たまたま入会した英語授業研究学会の会長で，当時，近畿大学の教授であった樋口忠彦先生（日本児童英語教育学会顧問）及び高橋一幸先生（神奈川大学教授）の勧めで，日本児童英語教育学会（JASTEC）に入会し，初めて小学校の英語教育に触れることとなった。それ以降，大阪府教育委員会では，小学校英語教育に関わる文部科学省の研究指定校の担当をし，大阪府教育センターでは幼小中高全ての校種での英語教育の担当となり，文部科学省では教科調査官として，日本で初めての英語導入の任を任された。そして，今では，大学で小学校及び中学校での英語指導の在り方を学生に伝えている。この間，約30年。様々な現場（幼稚園，小学校，中学校，高等学校，大学）や行政（教育委員会，文部科学省），民間（教育関係会社等），法人（行政法人，社団法人等）を見聞きし，そして，多くの方々とお会いし，様々な情報をいただき，少しでも日本の英語教育が良い方向に向かうように努力を重ねてきたつもりである。

　本書は，このような経験をもとに，子どもが一人でも英語を好きになり，先生方も英語の指導が苦にならないように，細心の注意を払い，表も裏も隠さずに全てを記したつもりである。

　本書をご活用いただき，日本の子どもたちの英語嫌いを一人でも減らし，先生方の授業も楽しく，毎日の授業の元気の素となるような本になることを期待してやまない。そして，いつか，本書が小学校の先生方のバイブルだったと語られる日が来ることを願っている。

　2019年3月

　　　　　　　　　　　　　　　　　　　　　　　　　　　　　　　　　　　菅　正隆

Contents

はじめに・2

Chapter 1
[理論編] 小学校外国語活動・外国語教育の基礎・基本

① 小学校外国語活動・外国語の基本的理念・6
② 小学校外国語活動・外国語の現状と課題・7
③ 学級担任の役割・8
④ 専科教員の役割・9
⑤ ALT の役割・10
⑥ 言語習得理論の基礎・基本・11
⑦ 言語活動の効果的な在り方・12
⑧ 評価の考え方と評価の在り方・13
⑨ パフォーマンス評価・14
⑩ 小中連携，小中一貫・15

Chapter 2
[準備編] 小学校外国語活動・外国語授業デザインの基礎・基本

① 小学校4年間を見通した指導計画の在り方と考え方・16
② 年間指導計画の立案と考え方，作り方・18
③ クロスカリキュラムの考え方・20
④ 授業の組み立て方・22
⑤ 学習指導案の書き方・24
⑥ 教材研究，教材・教具の作成法・26

⑦ ティーム・ティーチングの在り方・28
⑧ 模擬授業の在り方・30
⑨ 校内研修の在り方・32
⑩ 授業研究，公開授業の在り方・34

Chapter 3
[指導編] 小学校外国語活動・外国語授業づくりの基礎・基本

領域別指導法

① 「聞くこと」の指導・36
② 「話すこと[やり取り]」の指導・38
③ 「話すこと[発表]」の指導・40
④ 「読むこと」の指導・42
⑤ 「書くこと」の指導・44
⑥ 文字の導入・46
⑦ 「読むこと」「書くこと」の導入・48

場面別指導法

⑧ 歌の指導・50
⑨ チャンツの指導・52
⑩ Small Talk の作り方・54
⑪ ペア・グループ活動の取り入れ方・56
⑫ 音声の指導・58
⑬ ICT 教材の活用法と視聴覚教材の利用法・60
⑭ 特別な支援が必要な子どもへの指導法・62
⑮ ユニバーサルデザイン・64

Chapter 4
[実践編] 小学校外国語活動・外国語の研究授業例

第3・4学年

① 語彙・表現の慣れ親しみを重視した授業例・66
② 子どもに考えさせることを重視した授業例・70
③ クリル（CLIL）を用いた授業例・74
④ プロジェクト学習を重視した授業例・78
⑤ 英語で進めることを重視した授業例・82
⑥ 子どもの発表を主体とする授業例・86

第5・6学年

⑦ 語彙・表現の定着を図る授業例・90
⑧ 子どもに考えさせることを重視した授業例・94
⑨ クリル（CLIL）を用いた授業例・98
⑩ プロジェクト学習を重視した授業例・102
⑪ 「読むこと」を重視した授業例・106
⑫ 「書くこと」を重視した授業例・110

Chapter 5
[資料編] 小学校英語教師のための基礎知識

① すぐに使えるクラスルーム・イングリッシュ250・114
② 英語教育重要キーワード70・124
③ 小学校英語教育の歴史的変遷・132

引用・参考文献・134

Chapter 1　理論編
小学校外国語活動・外国語教育の基礎・基本

小学校外国語活動・外国語の基本的理念

　2008（平成20）年3月，日本の教育史上初めて小学校の学習指導要領に「外国語活動」が導入され，2011（平成23）年4月より高学年で完全実施された。また，2017（平成29）年3月には，新たに学習指導要領が改訂され，中学年に「外国語活動」（領域）が，高学年に「外国語」（教科）が導入された。これらの「外国語活動」及び「外国語」は，外国語教育（英語教育）としてのスキーム（計画及構成）の一部として捉えることができる。

領域としての「外国語活動」の考え方

　まず，「外国語活動」では，国際理解やコミュニケーションなどの活動を通して，コミュニケーションへの積極的な態度を育成するとともに，言葉への自覚を促し，幅広い言語に関する能力や国際感覚の基盤を培うことを目的としている。そのために，学習指導要領では，音声を重視し，聞くことや話すことを通して，コミュニケーション能力の素地を育成することを目標としている。これは，英語の導入に当たって，4つの技能（聞くこと，話すこと，読むこと，書くこと）（今後は，4技能5領域）のうち，2つの技能（聞くこと及び話すこと）を通じて，英語に対する抵抗感をなくし，恥ずかしがらずに英語を聞いたり話したりしながら，誰とでもコミュニケーションを図れる子どもを育てることに主眼が置かれている。このため，「外国語活動」を教科としてではなく領域として取り扱っている。

教科としての「外国語」の考え方

　「外国語」では，下の学年の「外国語活動」で培われたコミュニケーション能力の素地と英語教育への環境が整っていることより，4つの技能全てを通して，コミュニケーションの基礎を育成することを目標としている。これは，スキル面の向上を図る第一歩でもあり，これまでの中学校から開始されていた英語教育が小学校に下ろされたことを意味している。したがって，文字や音声はもちろんのこと，表現，文構造，言語の働きなど，知識及び技能の習得も視野に，聞くこと，読むこと，話すこと，書くことによる実際のコミュニケーションにおいて活用できる基本的な技能を身に付けることが求められている。ただし，子どもの発達の段階を踏まえて，文法事項を取り扱うなど過度の負担を強いることのないように注意する必要がある。

　なお，2020年度からの日本の英語教育のイメージは以下の通りである。

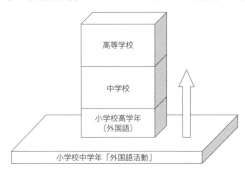

© KAN Masataka

小学校外国語活動・外国語の現状と課題

　2011（平成23）年4月から，全ての小学校で「外国語活動」が行われたが，当初から学校による温度差が大きく，その流れが外国語活動・外国語にも影響を及ぼしている。これには，様々な要因が考えられる。それらをまとめると以下のことが考えられる。

財政格差

　英語教育を行うには他の教科よりもお金が必要である。ALT（外国語指導助手）の雇用費用，教材・教具の購入費用等，自治体の財政状況が教育を左右している。ALTが数カ月に1度訪問する学校から，数名のALTが常駐している学校まで千差万別である。また，ピクチャーカードや教具の購入費用がなく，教師の手作りのもので代用している学校から，ふんだんに市販の教材・教具がある学校まで，全国を見渡すと，この格差は計り知れない。ただ，これを幸不幸で捉えることはできない。実はALTが常駐している学校は，ほとんどの場合，授業をALTに任せ，担任は子どもの支援に回っている場合が多い。その結果，担任の教師は，英語の指導力が身に付かないまま年齢を重ね，転勤でALTの常駐しない学校に移り，困り果てている状況を目にすることがよくある。反面，担任が手作りの教材を使って1人で授業を行っている場合は，驚くほど指導力を上げ，子ども達のコミュニケーション能力を向上させている。どちらが，教師にとって良いのか一概には言えない面もある。

管理職の意識の違い

　外国語活動・外国語の成否は多くの場合，管理職のリーダーシップによるところが大きい。「小学生に英語の必要性を感じない」「英語より大切なものがある」「小学校の先生方に英語を教えさせたくない」などの考えを持った管理職のもとでは，授業自体破綻している場合が多く見受けられる。子ども達がかわいそうである。中学校に進学し，つまずくのが目に見えている。これは管理職の罪である。外国語活動の導入からしばらく経ち，このような管理職も減りつつあるが，まだまだ目にすることがある。教師が英語教育の必要性を管理職と共有して，一人でも多くの英語好きの子ども達を育てていきたいものである。

教師の意識の違い

　予定では，2023年3月に大学を卒業して教師になる学生は，教員免許状の中に，外国語を教えることのできる資格が付与される。それは，学習指導要領改訂に伴い，大学のカリキュラムが刷新され，小学校の免許状を得るには，初等教科教育法「外国語」や外国語「英語」を修得することが義務付けられている。したがって，今後は，「英語の免許がないので」や「英語を教えられないので」などの言葉を聞くことはなくなるであろう。問題は，それ以前の外国語が含まれない免許状を所有している教師である。今後，小学校の教師から英語を切り離しては考えられない。今からでもよいので，英語に後ろ向きにならず，前向きで英語を捉えていただきたいものである。それは自分のためであり，ひいては子ども達のためでもある。

学級担任の役割

「外国語活動」「外国語」の授業を誰が行うのか。これは，常に付きまとう問題である。授業を1人（ソロ）で行う場合には，まずは小学校の免許状を有している教師が行うことは当然である。免許状を有しないALTや地域人材だけで授業を行うことは法令上許されないことである。では，担任，または免許を有する専任教員が行う場合にはどのような点に注意すべきであろうか。まず，学級担任から述べる。

英語を学ぶモデルとなること

「外国語活動」及び「外国語」では，従来の中学・高校で行われてきた一方的に教師が教え込む指導は適さない。子ども達が英語に慣れ親しむ状況を生み出し，楽しく英語を学ぶ環境をつくり出すことである。したがって，担任は主役ではなく常に黒子に徹し，たとえ英語が苦手としても，子どもと一緒に英語を学ぶ姿勢を示すことである。例えば，CDや電子黒板，タブレット等，様々な教材・教具を用いながら，英語を積極的に学ぶモデルとなるのである。発音練習であれば，大きな声で子ども達をリードしたり，言語活動のモデルを示したりすることである。ALTとのティーム・ティーチングの際には，ALTの後に発音や表現を真似て言ってみるなど，常に子どもと同じ目線，スタンスで英語に取り組むことが大切である。

授業マネジメント

授業の指導計画や指導内容，コミュニケーション活動や言語活動を組み立てるのも担任の大事な役目である。これは，子ども達の状況やクラスの雰囲気全てを把握しているからこそできることである。これを，ALTや地域人材などに任せると，とんでもないことが起こる。子ども達の興味・関心のないことを行ったり，能力以上のことを要求したりして，英語嫌いを量産することにもつながる。

授業の実施に当たっては，常に授業を主体的に進行し，子ども達の状況を把握しながら，適宜，授業をコントロールする。時には立ち止まり，時には戻り，時には内容をスキップするなどしながら，英語に慣れさせていくことが大切である。それができるのは担任だからこそである。また，共に授業に参加しているALTや地域人材に対し，指示を出しながら，授業支援や子ども支援を行わせることも求められる。

評価の実施

評価については全責任を負うのが担任である。「外国語活動」の文言表記，「外国語」の観点別評価，評定も全て担任が判断を下すことになる。ただし，共に授業に参加したALTや地域人材等の意見を参考にすることは問題がない。様々な視点から評価を下すことが大切である。

また，それに先立つ様々な評価方法（パフォーマンス・テスト，授業での見取り，振り返りシート等）を使って評価を下す際の一連の評価設計も担任の大きな役割である。指導と評価の一体化からも，主体的に取り組むことが重要である。

専科教員の役割

　クラス担任とは異なり，「外国語活動」「外国語」の科目を専門的に指導するのが専科教員である。基本的には，小学校の免許状及び中・高等学校の外国語（英語）の免許状を有している教師がその役割を担う。地域や学校により，専科教員が配置されるところと配置されないところとがあるが，これは行政的な判断や状況によって異なる。では，専科教員に求められる役割とはどのようなものであろうか。

英語のモデルを示す

　英語の指導を行う際，子ども達への模範として，場に応じた自然な英語の使い方や発音を示す。担任とは異なり，共に学ぶことよりも，ALTの代わりやCD及び電子黒板の代わりとなる存在である。したがって，ソロで授業ができ，常に子ども達と自分自身の英語運用能力の向上をめざす人でなければならない。免許状があるから，英語が得意だからといって，努力をしないのでは，日に日に英語力は低下するものである。不断の努力が絶対に必要である。

　また，子ども達に英語を使うモデルとなることから，英語を使いたいと思わせる契機をつくり出す必要もある。「先生のように英語を話したい」「英語をもっと勉強したい」と思わせるような憧れの存在となることが求められる。

子ども理解を常に意識すること

　担任は常に子どもと接していることから，授業では子どもの状況や理解度を瞬時に判断し，授業を進めることができるが，専科教員はそうはいかない。週に1，2度授業で会うのでは，子ども達のことを正確に判断し，授業を進めることは難しい。時には能力以上のことを要求したり，気持ちを逆なでしたりする質問をすることもある。それを避けるためには，事前に担任に1週間の子どもの状況を聞き取り，問題行動があった子どもについては，詳しく内容や指導経過を教えてもらう。これを頼りに，かけ声などに注意を払いながら進めていくのである。

指導計画や授業案の共有化

　専科教員は，どのような指導計画で授業を進め，授業はどのように行っているのかなど，常にクラス担任の教師に伝えておくべきである。これは，他の科目との連携を図る意味でも大切である。特に，クロスカリキュラムを意識した授業を考える際には，どうしても担任の協力が必要である。例えば，図画工作で作成した作品をショウ・アンド・テルで活用する場合のように，情報の共有化が必要である。

評価は慎重に

　評価を下す際には，様々な情報（証拠）をもとに判断することが必要である。担任とは異なり，子どもの姿全てを把握しているわけではない。常に根拠となるものを多く収集（ポートフォリオ）して判断する必要がある。特に保護者の不信感をまねかないためにも，これらを提示できるようにしておきたいものである。

ALT の役割

　ALT（外国語指導助手）には，様々な契約形態がある。これらの契約を遵守しながら，以下の役割を担わせる。また，ALT が小学校免許状等を有していない場合には，単独では授業に入れず，常にティーム・ティーチングの形態で授業に参加させる。

担任の補助
　ALT は，あくまでも，担任の補助として授業の支援を行わせる。指導計画の立案，指導内容の構築，教材・教具の作成，評価等においては協力をさせ，共に授業の充実を図る。ただし，授業の運営や評価については，あくまでも担任が主となって行うことが大切である。

自然な英語の提供者
　担任の苦手としている事項（正しい発音，自然な英語の表現等）において，担任の代わりに子ども達に見本を示し，指導をさせる。

異なる文化の提供者
　日本とは異なる文化を持つ外国人として，子ども達に文化的に異なる点や共通な点について理解させ，言葉や文化，習慣が異なっても，同じ人間であることを理解させる。

子どもの憧れの存在
　英語を流暢に話す存在として，子ども達に「英語が話せるようになりたい」「英語をもっと勉強したい」と思わせるような存在にさせる。（以下は，本文を英語にしたもの）

The Roles of ALT

As an Assistance of the teacher in charge
　Let them support the class as an assistance. In managing the lessons or evaluating the students, it is very essential that the teacher in charge should play the main role.

As a Provider of natural English
　In the articles the teachers are not good at- for example, proper pronunciations or the natural English expressions- they should show the examples to the children and lead them in the place of the teachers in charge.

As a Provider of the different cultures
　As a foreigner whose culture is not the same as Japanese, they should let the children understand the differences of the cultures or the parts in common, and understand them that we are the same human beings even though there may be differentials between the languages or the cultures

As an Idol of the children
　As a person who speaks English fluently, they should be yearned by the children, giving them the longings like "I want to speak English fluently," or "I want to study English more."

言語習得理論の基礎・基本

　我々は，生まれてこのかた日本語を習得し，一生涯使用することになる。この日本語を第一言語（母語）と呼ぶ。その後，学校等で英語を学ぶことになるが，これは外国語と呼ぶ。外国語は社会生活であまり使用されない言語で，これを学ぶことを外国語学習（外国語教育）と呼ぶ。小学校で行われる「外国語活動」「外国語」はこれに当たる。

　それに対し，第二言語とは，例えば，日本語母語話者の子どもがアメリカで英語を学ぶこととする。家庭では日本語を使用したとしても，社会生活では英語を使用することになり，英語はまさに生きるための言語となる。したがって，外国語学習と第二言語学習（第二言語教育）とでは目的も英語に接する時間も大きく異なる。

　外国語学習における言語習得のための基礎・基本は，次の通りである。

音声から始める

　乳児が母語を習得する過程と同様，外国語においても，音声から開始することが理にかなっている。特に日本人にとっては，英語の音は日本語と大きく異なり，理解や習得に時間がかかる。そこで，低年齢から英語の音に触れ，慣れ親しませながら話す活動へとつなげていく。そのために，歌やチャンツ，ALTの話等を利用することが大切である。

動機付けの重要性（成就感・達成感）

　子どもにとって，生活の中で利用の少ない英語を学ぶことは腑に落ちないかもしれない。そこで，しっかりと動機付けをし，意欲や関心を高めながら学習をさせることが大切である。そのためには授業自体を楽しくしなければならない。ただし，この楽しいは，ただ単に，「面白い」の意の'fun'ではなく，「知的に楽しい」'interesting'でなければならない。思考を伴わない活動はすぐに飽きてしまう。常に，子どもの考える力を育むためにも知的な活動を工夫しなければならない。また，様々な活動の中で，子ども達に「できた！」「分かった！」と成就感や達成感を感じさせることができるような活動を組むことも大切である。

必然性のある活動

　中学以降に多く見られる，表現を繰り返し学ぶ学習法（パタン・プラクティス：文型練習）は，小学生の子どもには集中力を欠き，効果は期待できない。そこで，子どもの生活に密着した必然性のある活動を組む必要がある。そして，活動が常に必然性のあるものとなっているか，そして，それが次の活動とどのようにリンクしているか，語彙や表現に何度もスパイラルに触れているかなどを考えながら，授業を構築していくことが必要である。

母語との関係性

　子どもは，常に日本語を介して英語を理解しようとする。そこで，英語力を向上させるためには，当然，国語力も必要になってくる。国語力と英語力とは対立するものではなく，両立するものである。英語力を向上させるためにも，国語の学習も疎かにさせてはならない。

言語活動の効果的な在り方

　授業において，まずはじめに様々な新出語彙や表現を導入する。歌やチャンツ，語彙や表現の繰り返し練習（レペティション）などを通してインプットする。その後，これらの語彙や表現に慣れ親しませるために，様々な活動を行う。これを，言語活動またはコミュニケーション活動と呼んでいる。この活動を効果的に行うには次のような点に注意する必要がある。

興味・関心を持つ内容を取り扱う

　活動を考える際，特に注意すべき点は，子どもの興味・関心に合った内容を取り扱うということである。子どもの身の回りにある題材で，イメージしやすいものを扱い，イメージしにくいものは避けることが大切である。例えば，動物や食べ物は具体的にイメージしやすいが，抽象的な表現や社会的な話題はイメージしにくく，避けるべきである。

　また，発達段階に合った内容として，例えば，高学年でフルーツバスケットの活動をすると，子どもにとっては楽しいものではあるが，知的な活動にはほど遠く，単にゲームとして受け取られ，授業の目的にそぐわないものとなる。

アウトプットを重視する

　導入時にインプットした語彙や表現に慣れ親しませるために，量的にも質的にも充実した活動を組む必要がある。例えば，買い物を行う際，店員の子どもがMay I help you? Here you are. Thank you.程度の英語を話して活動を終了している場合がある。これはもったいない話である。20分程度の活動の時間にたったこれだけの表現を口に出して終わりとは，いかにもコストパフォーマンスの悪い話である。活動では，いかに多くのことを聞き，いかに多くのことを話すかである。これが語彙や表現の慣れにも，定着にもつながるものである。つまり，活動を組む際には，子どもの聞く時間と話す回数を計算しながら組んでいくことが重要である。

教材・教具の質を上げる

　先の買い物で，低中学年では，おもちゃなどを使った「ごっこ遊び」を活動に組む場合が多い。この場合はまだよいが，高学年でも同じ「ごっこ遊び」を行っている場合がある。高学年は知的レベルも高く，おもちゃでは真剣に活動に取り組まない子どもも出てくる。そこで，これを避けるためには，バーチャルなものや具体物（本物の果物等）を利用することである。

デモンストレーションを重視する

　活動の前に，活動のルールや方法を懇切丁寧に日本語で説明する教師は多い。この場合，子どもは日本語で分かったつもりでいても，いざ活動が始まると，混乱してしまうことが多い。ここでは，言葉で理解させるのではなく，担任とALTや地域人材等，または，子どもとデモンストレーションすることである（モデルを示すこと）。子どもの視覚に訴え，学習した表現をどのタイミングで，どのように話すのかを理解させる必要がある。このタイミングや話し方については，言葉だけで伝えることは難しいのである。

評価の考え方と評価の在り方

　英語に関する科目において，「外国語活動」は領域として，「外国語」は教科として取り扱うことから，評価についてもそれぞれ異なる視点で考える必要がある。

「外国語活動」における評価の考え方と評価の在り方

　「外国語活動」は領域として取り扱うことから検定教科書は用いず，文部科学省から配付されるテキスト（小学校外国語活動教材）で指導することになる。

　基本的には，子どもの行動観察や振り返りシートなどを用いて，文章で評価をすることになる。観点は，平成23年度以降は，コミュニケーションへの関心・意欲・態度，外国語への慣れ親しみ，言語や文化に関する気付きの３観点から評価してきた。2020年度からは，これに代わり，知識・技能，思考・判断・表現，主体的に学習に取り組む態度の３観点から評価する。ただし，あくまでも，「外国語活動」では，コミュニケーションを図る素地となる資質・能力を育成するために，基本的な表現に慣れ親しませたり，気持ちなどを伝え合う力の素地を養ったり，コミュニケーションを図ろうとする態度を養ったりする。技能面の「話すことができる」「聞くことができる」などの定着を図ることを第一義にはしていない。子どもの英語に対する抵抗感（バリア）をなくし，情意フィルターを下げ，英語を積極的に活用し，基本的な音声や語彙，表現に慣れ親しんでいる点などを，形成的な評価を加えながら文章記述で評価していく。英語を初めて学ぶ子どもにとって，生涯に渡って必要とされる英語のスタートとして，積極的に学ばせるためにも，元気が出る評価，家族が笑顔になる評価を工夫していくことである。

「外国語」における評価の考え方と評価の在り方

　「外国語」は教科であることから，文部科学省検定済みの教科書を使用することになる。評価については，他教科と同様に教科書等で指導した事柄について，知識・技能，思考・判断・表現，主体的に学習に取り組む態度の３観点から観点別学習状況により評価（Ａ～Ｃ３段階）をする。その際，評価する項目を適切に定め（評価規準），それぞれの項目について子どもがどの程度実現できているかを判断して評価する。具体的には，目標や評価規準において，文言の語尾を「～することができる」などとし，資質・能力が指導によって身に付いているか（できるようになっているか）どうかを判断し評価する。そして，これらの観点別学習状況から総括的に捉えて３段階による適切な評定を下すことになる。

　この目標や評価規準は子ども達の状況を踏まえ，指導と評価がぶれないようにし，的確で揺れのないものを作る必要がある。また，保護者や子ども達に不信感を抱かせないように，評価の証拠となるデータやテスト等を常にストックしておくことも大切である。

　加えて，評価には表れない子ども個々の良い点や可能性，授業の状況などについては，所見欄等で子どもや保護者に積極的に伝えていくことも必要である。その際，ALTや地域人材等の協力を得ながら，適切な評価をめざすことである。

パフォーマンス評価

パフォーマンス評価については，私は，「学習により，子ども達がインプットした知識や習得した技能を自分のものとして（インテイク）して，話すことや書くことを通して，表出するもの（アウトプット）を捉えて評価すること」としている。パフォーマンス評価を行うためには，どのような活動（パフォーマンス活動）を通して評価していくのかを考えなければならない。「外国語活動」「外国語」においては以下のようなパフォーマンス活動が考えられる。

パフォーマンス活動の例

❶インタビューテスト（Q&A）

インタビュークイズとしてもよい。教師や ALT の質問に対して，適切に答えられているかを確認する。（Q）When is your birthday? －（A）My birthday is October 5th.

❷発表

発表には，テーマに合わせたスピーチ，ショウ・アンド・テル（具体物を示しながら行うスピーチ），プレゼンテーション等

❸創作発表

グループでの寸劇や劇，スキット等

❹発表準備物

❷や❸で準備したシナリオや原稿，練習物等

❺英作文

書き写しの作品，テーマに沿った英作文等

パフォーマンス評価のポイント

❶どの部分を評価するのか

パフォーマンス活動の中で，どの部分を評価するのかを事前に考え，子ども達にも告知しておく。例えば，内容，表現，態度，正確さ，流暢さ等の評価規準を明確にし，子ども達には，「今回は〜の点を特に評価するから」などと伝える。

❷指導と評価の一体化を常に意識

パフォーマンス活動の中で評価する部分については，授業で特に強調した点や，指導に重点を置いた点について評価するように努める。

❸常に形成的な評価を意識

画一的な評価だけではなく，次につながる評価，意欲を引き出す評価にするために，常に形成的な評価も加味する。

❹説明責任を果たす評価

ペーパー試験の部分が少ないことより，評価の根拠となるものを常に残しておく。例えば，ビデオ，音声録音，子どもの作品等，パフォーマンス活動の記録として留めておく。

小中連携，小中一貫

　小中連携及び小中一貫の重要性は，平成20年度の「外国語活動」の移行期間から巷間語られてきた。小学校の「外国語活動」と中学校の「英語」をどのように結び付けて，子ども達の英語力を向上させるかが大きなテーマである。ここに来て，中学年の「外国語活動」及び高学年の「外国語」が導入され，この連携及び一貫の意味合いが変わってきている。今までとは異なり，高学年では教科として英語に触れることから，連携や一貫の意味が深くなったとも言える。注意すべき点は以下の通りである。

テキストと教科書の内容をつなぐ

　小学校のテキストや教科書は，取り扱う場面を中心とした場面シラバス（シチュエーションシラバス）で構成されている。例えば，自己紹介の場面，買い物の場面，道案内の場面など，場面や状況に合致した表現や語彙を学ぶ。反面，中学校では文法シラバスで構成され，be動詞，一般動詞，進行形など順番に学ぶ文法配列によって教科書はできている。したがって，小中間では，シラバスの構成が異なる。小学校でよく目にする買い物の決まり文句 May I help you? やレストランでの What would you like? などは，文法的には難しい類である。しかし，小学校では，これをいとも簡単に表現練習をさせながら活用できるように指導している。一方，中学校では同じ場面が教科書に登場しても，文法に照らしながら説明する。この違いをどうつなげるか。そこで，子ども達が小学校で学んだ音や表現を利用しない手はない。中学校では，その音や表現を重視し，導入部分で小学校の復習を兼ね，音から入ることが大切である。その学習の記憶を呼び戻すのである。そして，口頭練習後に簡単な文法解説をし，整理することである。「ああ，なるほど。そういうことだったのか」と腑に落ちる解説をするのである。これを行うためには，中学校の教師が小学校の学習内容を把握していることが絶対条件である。

教科書をしっかり取り扱う

　今後，「小中連携」や「小中一貫」の言葉は死語になるかもしれない。それは，小学校のテキストや教科書，そして中学校の教科書は学習指導要領に基づいて作成され，一貫性のあるものとなっている。したがって，テキストや教科書を基本に授業を構成していくと，おのずと連携や一貫性が生み出てくる。教科書からあまりにもかけ離れて，聞きかじったフォニックスなどを取り入れて，英語嫌いを多く生み出さないようにすることが大切である。

7年一貫の指導計画の作成

　中学校区で，小学校中学年から中学校3年の卒業段階までの指導計画を作ることも大切である。テキストや教科書をもとに，導入期から卒業段階までにどのような子どもを育成していくのか，教師や地域を巻き込んだ計画を作成したい。これを活用することで，子どものつまずきや，欠落した内容などが明白になり，再学習などの手立てがはっきりとしてくる。もちろん，これらを常時活用しながら，授業内容，進度を確認しておくことが大切である。

Chapter 2 準備編
小学校外国語活動・外国語授業デザインの基礎・基本

小学校4年間を見通した指導計画の在り方と考え方

　小学校「外国語活動」及び「外国語」において，小学校を通した長いスパン（期間）での指導計画を考える際，次のことが大切となる。

到達段階の子ども像の明確化と共通理解

　長期の指導計画を作成する場合，最も大切なことは，第6学年の卒業段階に，子ども達がどのように育っているのか，その子ども像を教師間で共通理解を図っておくことである。例えば，「外国人に対して，恥ずかしがらずに，英語を通して自分の気持ちや考えを伝えることのできる子ども」「誰とでも，英語を使って積極的にコミュニケーションを図れる子ども」など，地域の環境や子どもの状況を考えながら，子ども像を明確化していくことである。これにより，そのような子どもに育てていくためには，どのような手立てが必要になるのかが明確になってくる。そのために，背伸びした目標や理想像で終わらせないように，現状と照らし合わせながら，校内で討議し決めていくことが必要である。この子ども像は，次に続く中学校での入学時の子ども像でもあることから，中学校でも継続的に指導が行われることになる。このため，中学校との連絡調整も必要になる。また，小学校低学年から英語に触れる機会を設けている場合には，その導入期も勘案する必要がある。

　授業が始まり，描いた子ども像に到達できそうにもないときには，年度の途中でも，軌道修正していくことである。絵に描いた餅に終わらせないために何度も見直しを図ることである。

バックワードデザインで各学年の目標を明確にする

　先に述べた卒業時のめざす子ども像（到達目標）から始め，第5学年終了時の子ども像，第4学年終了時の子ども像と，学年を遡って目標を定めることが大切である。これは，導入期の第3学年から順を追って第6学年までの計画を立てていくと，目標が大きくなり，活動内容も高度になりかねない。それは，作成者側に，「このぐらいはできるだろう」「これくらいはさせたい」などと教師の欲や希望が出てしまい，最終ゴールが肥大化してしまうことによるものである。結果，子どもの実態に合わない指導が行われ，子ども達の能力の向上が見られないなど，効果が期待できなくなる。そこで，バックワードデザインで指導計画を立てていく。つまり，第6学年3月のゴール地点を決め，教師が求める子ども像をイメージして，第3学年の導入時まで遡る。そして，子どもをめざす姿にするためには，第5学年ではどの程度のことができるようにし，どの程度の内容の授業を行えばよいのかなどの計画を立てながら考え，導入時にまで遡る。こうして長期に渡る指導計画を組み立てるのである。この目標の程度は小学校を通して段階を踏んで連続していることが望ましい。イメージを図式化すると次のページの図のようになる。長期に渡る指導計画を作成する場合には，細部に渡る計画を立てるのではなく，ある程度の大きな流れを決めて，常に変更できる状態にしておくことである。これが確立できてこそ，各学年の指導計画が細部に渡って作成できるのである。

長期間に渡る指導計画のイメージ

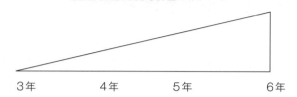

時間の確保を系統立てる

　中学年の「外国語活動」，高学年の「外国語」の時間をどのように確保し，どのように時間割に組み込むのかを校内で系統立てて作成し，共通理解を図ることが大切である。各学年が連携せずに勝手に時間をつくり出すのでは，子ども達を継続的に育てていくことは困難になり，求める子ども像へ到達することはできない。つまり，教師間や学年間で考え方に齟齬を生じさせないことである。中学年の「外国語活動」の時間はどこから生み出すのか，短時間学習（モジュール）を取り入れるのか，週1回45分だけで効果を上げることができるのか，などと討論して，高学年の「外国語」にどのようにつなげるのかを真剣に考えていくことが必要である。

　同様に，高学年では週2時間を有効的に実施するために，どこから1時間を捻出し，短時間学習を取り入れるのか，どのように関連付けるのかなどを検討する必要がある。

4技能5領域の系統性を重視

・「聞くこと」「話すこと」「読むこと」「書くこと」の4技能，「話すこと」のうち，「やり取り」「発表」を加えた5領域を，学年を越えて系統だった一貫性のある内容とするために，軽重をつけて，指導計画の下支えとなるように考えていかなければならない。例えば，学校や子どもの状況を考えながら，以下のことを考えていくことが必要である。

	（3年）	（4年）	（5年）	（6年）
①聞くこと	1～2文レベル	2～3文レベル	3～4文レベル	4～5文レベル
②話すこと	1～2文レベル	2～3文レベル	3～4文レベル	4～5文レベル
③読むこと	（アルファベット大文字のみ）	（アルファベット小文字のみ）	単語レベル	文レベル
④書くこと	（アルファベット大文字のみ）	（アルファベット小文字のみ）	単語レベル	文レベル

（やり取り）＊ターンとは，会話等で話す回数のこと

4ターン程度	6ターン程度	8ターン程度	10ターン程度

（発表）

3文程度	4文程度	5文程度	6文程度

2 年間指導計画の立案と考え方，作り方

年間指導計画作成のポイント

　各学年の年間指導計画を作成する場合，先の長期間の指導計画で作成した各学年終了時の子ども像（目標）をもとに，ここでもバックワードデザインで作成していく。つまり，学年末の３月から始め，学年がスタートする４月まで遡って作成していく。この場合，４月のスタート時点の子ども像は，前の学年の終了時の子ども像でもあることから，この１年間の育ちを思い浮かべながら，具体的な指導計画を考えていくことになる。例えば，４年生を例に年間指導計画のイメージを示す。

年間指導計画のイメージ（４年生）

4月←――――――――――3月

　このイメージで作ることになるが，４技能５領域を考えれば，先の「４技能５領域の系統性を重視」の項を参照すると，１年間で次のことを身に付けさせなければならないことになる。

①聞くこと：２～３文レベル
②話すこと：２～３文レベル
③読むこと：アルファベットの小文字のみ
④書くこと：アルファベットの小文字のみ
（やり取り）：６ターン程度
（発表）：４文程度

　例えば，「やり取り」を例に考えてみる。３年時終了段階では４ターン程度のやり取りが身に付いているとしているため，４年当初は，以下のような会話が身に付いていると想定できる。

　A：What color do you like?
　B：I like blue. What color do you like（How about you）?
　A：I like red.
　B：I see.

　この程度である。これが，４年終了時には６ターンまでやり取りができるように育てていくこととなる。すると，以下のような会話が身に付いていることになる。

　A：What color do you like?
　B：I like blue. Do you like blue?
　A：No, I don't.
　B：What color do you like?

A：I like red.
B：Oh, I see.

　簡単そうに見えるが，週1回程度の授業で，このような会話を続けることはなかなか困難なことである。しっかりと目標を定めて，具体的に指導内容を決めていかなければ目標は達成できない。

具体的な指導内容とテキスト

　テキストや教科書は，昔からよく言われていることではあるが，「教科書を教えるのではなく，教科書で教える」ことが，指導の一歩である。したがって，テキストや教科書の指導書にある年間指導計画をそのままコピーして，学年の年間指導計画にするのでは，子どもの能力向上のための指導にはならない。指導書の年間指導計画はあくまでも標準的なものであり，先に決定している長期間の指導計画とも合致しない。常に子ども達と接している教師が，環境や状況を考えながら，手作りの指導内容としなければならない。具体的には，次の要素を盛り込む必要がある。

　①各単元で，子どもに身に付けさせたい具体的な力（目標）
　②各授業で，子どもに身に付けさせたい具体的な力（目標）
　③具体的な指導内容（各単元ごと，または各授業ごと）
　④主なコミュニケーション活動，言語活動（各単元ごと，または各授業ごと）
　⑤評価の観点と評価方法（各単元ごと，または各授業ごと）

　以上を具体的に決めておくことである。ただし，途中で子ども達の達成度を見ながら，随時変更していくことは大事なことである。

時間割を考える

　「外国語活動」及び「外国語」の授業の時間割を組む場合，どの時間帯でもよいというわけではない。より効果を期待する場合，避けるべき時間帯がある。それが以下である。「聞くこと」「話すこと」を中心とした活動では，意欲を阻害する要素を極力排除することが望ましい。

❶朝の1時間目には入れない

　子ども達は起きて間もない時間から聞いたり話したりすることに困難を感じる場合が多く，効果が期待できない。しかも，月曜日の1時間目は最悪である。日曜日に遊んだ疲れが残っており，聞く話す活動には適さない。これは，高校等で朝の1時間目に柔道の授業を入れないことと同じである。体がまだ完全に起きていない状態では，怪我をする場合が多いからである。ただし，朝の帯学習（月曜日以外）として単時間学習を継続して行う場合は，体も慣れており，その類ではない。

❷昼食後にはできる限り入れない

　人は満腹感を感じると，様々な動きが緩慢になる。特に，聞く話す活動では，意欲も関心も減退するものである。

クロスカリキュラムの考え方

　平成20年3月28日改訂の小学校学習指導要領外国語活動には，指導計画の作成と内容の取扱いの項にクロスカリキュラムのことを書いており，「指導内容や活動については，児童の興味・関心にあったものとし，国語科，音楽科，図画工作科などの他教科等で児童が学習したことを活用するなどの工夫により，指導の効果を高めるようにすること」とした。また，平成29年3月31日改訂の外国語活動及び外国語では，「言語活動で扱う題材は，児童の興味・関心に合ったものとし，国語科や音楽科，図画工作科など，他教科等で児童が学習したことを活用したり，学校行事で扱う内容と関連付けたりするなどの工夫をすること」となっている。共に，国語，音楽，図画工作の3教科を例に出しているが，これは私が学習指導要領作成時に，どの教科が外国語活動の題材として利用しやすいかを考え，3教科の教科調査官に尋ね決めたものである。もちろん，他教科でも様々な題材を活用することは可能である。では，クロスカリキュラムの考え方はどうあるべきであろうか。

クロスカリキュラムの考え方

　クロスカリキュラムとは他教科等で学習した内容を外国語活動及び外国語に取り入れて効果を図ることであり，連携を図ることを意味している。

　小学校では，単元ごとに場面を設け，そこで使われる語彙や表現に慣れ親しませている。しかし，子ども達が場面や状況をイメージできない場合や経験したことのない事柄を取り扱うと，語彙や表現に慣れさせることは非常に困難なことになる。子ども達が場面や内容が理解できていればこそ，語彙や表現を抵抗なく受け入れるのである。そこで題材には，子ども達の興味・関心のあることや日常生活に関連のあることを選んで取り扱うことになる。これらの題材を扱う際には，さらに効果を上げるために，他教科で学んだことを取り上げることで，さらに深い学びへと導くことができる。つまり，外国語活動及び外国語と他教科がウイン・ウインの関係につながる（連携する）ということである。他教科での学習の成果を外国語活動や外国語に利用しない手はない。もちろん逆も考えられる。例えば，音楽の授業で英語の歌を歌ったり，生活の授業で葉っぱの色を英語で言ったりなど，様々なことが考えられる。英語の授業だけに他教科の内容を取り入れるのではなく，他教科の授業にも英語を取り入れ，英語を日常的なものにしていくことが大切である。

他教科とのクロスカリキュラムの具体例

❶国語科（外国語活動及び外国語の授業で）

　国語科においては，共に言語に関わる教科であることから，様々な内容を共有することができる。例えば，国語で学習した漢字（例えば秋）を提示して，How many strokes (does the kanji for "aki" have)？などと漢字の画数を当てるクイズを出し合わせたり，第3学年で学ぶローマ字を外国語活動で学ぶアルファベットと同時期に指導したりするなど，工夫次第では効

果が期待できる。

❷社会（外国語活動及び外国語の授業で）

社会科においては，地域の行事や行ってみたい国などの地理的な内容を取り入れたり，歴史上の人物についての紹介を聞き取ったり，好きな歴史上の人物を紹介したりするなど，様々なことが考えられる。例えば，次の説明は誰のことか問題を出してみる。

He is one of the best writers in Japan. He wrote "I Am a Cat", "Bocchan" and so on. Who is he?

❸算数（算数の授業で）

算数科においては，数字を英語で言わせるなど結び付けやすい点が多い。学年によって，1～10，1～20など，使用する数字を増やしていく。また，足し算や引き算などでは，英語と日本語の言い方が同じ場合もあることから，無理なく子ども達に受け入れられる。例えば，5＋7＝12をFive plus seven is twelve.と子どもに言わせたりしてみる。また，引き算では，Eight minus two equals six.などの表現を使わせてみる。

❹理科・生活（理科及び生活の授業で）

理科においては，調べ学習や夏休みの自由研究などで，動物や虫，植物などの英語名を調べさせたりする。また，授業では，教師が子ども達にWhat's this? What animal do you like? What color is this? などと尋ねてみるのもよい。

❺音楽（外国語活動及び外国語の授業で）

音楽科では，音楽の授業で歌った曲が元々英語の曲である場合，外国語活動や外国語の授業に英語で歌わせてみる。また，ピアノや電子オルガンなどを使って，リズムよく英語を言わせたり，チャンツをしたりする。

❻図画工作（外国語活動及び外国語の授業で）

図画工作科では，子ども達が作成した作品を教材として，ショウ・アンド・テル（発表活動）としてクラスの子ども達に紹介させたり，地域の建物や地図をグループで作成させ，それらを用いて英語で道案内をさせるなど，子ども達が作成した作品への思いを再利用することで，興味・関心も高くすることができる。

❼家庭（相互の授業で）

家庭科では，国際交流の一環として，外国の代表的な料理を作ってみたりする。その際，英語でレシピを言わせたり，食事における英語の表現などにも触れさせたりする。もちろん，これは家庭科の授業でも可能である。

❽体育（体育科の授業で）

体育科では，準備運動の号令を英語で言わせたり，教師のかけ声を英語で言ったりすることが可能である。また，サッカーなどの球技にALTを参加させて，英語を使いながら試合をさせると，授業が活発になる。

4 授業の組み立て方

　1コマ45分の授業を行う際は，前時の授業との関係を踏まえながら計画的に組み立てることが重要である。行き当たりばったりの授業では，子ども達のコミュニケーション能力を向上させることは難しい。学校によっては，15分の短時間学習なども組み入れているところもあるが，ここでは，45分の基本的な授業の組み立て方を示す。

45分の授業の在り方

　通常，45分の授業を考える際，大きく分けて，挨拶→導入（復習）→展開→振り返り→挨拶の流れで構成する。それぞれの内容は以下の通りである。

❶挨拶（はじめ）

　挨拶では，Hello. Good morning. Good afternoon. How are you? How is the weather today? What day is it today? What's the date today? などの挨拶や質問をするが，その他にも，Who's absent today? It's time for English class. なども使う。これらは，授業開始時に行うが，あまり時間をかけすぎずに短時間で終わらせることが大切である。子どもの数が少ない場合には，教師が一人一人と挨拶を交わすことも考えられるが，十数人以上ともなると，挨拶に時間を要し，終了した子にとっては怠惰で無駄な時間となる。

❷導入

　導入には3つの柱がある。1点目は，取り扱う内容を子ども達にイメージさせるために，教師によりスモールトーク（ティーチャーズトーク）を行うこと。2点目は，前時に学んだ内容についての復習をすること。3点目は，本時の新出単語や表現について，ピクチャーカード（絵カード）等を用いてインプットを図ること。

　1点目のスモールトークは，できる限り既習の語彙や表現を用いて，本時に取り扱う内容について，子ども達に聞き取らせてイメージさせることである。例えば，夏休みの思い出に関する単元では，

　　Hello.

　　I went to Osaka this summer.

　　I saw a whale shark, *jinbeizame* in Kaiyukan Aquarium. It was very big.

　　I ate *okonomiyaki*. It was very delicious.

　　I enjoyed my summer vacation in Osaka.

　　Thank you.

　2点目の復習，及び3点目の本時に学ぶ語彙や表現については，ピクチャーカードを駆使して，担任やALTの後について子ども達に発音させたり，ALTの質問に英語で答えさせたりするなど，繰り返しインプットさせることを意識しながら，音声に慣れさせていく。

❸展開

　展開とは，導入でインプットした語彙や表現を，子ども達が活用できるように，コミュニケーション活動や言語活動を通して，慣れ親しませたり定着を図ったりすることである。子どもによっては，導入で取り扱った語彙や表現がまだまだ理解途上であったとしても，活動の繰り返しにより，理解を図ったり，定着を図ったりすることは可能である。様々な展開が考えられるが，主体的・対話的で深い学びを実践するためにも，教師主導型の活動ではなく，子ども中心の活動を行いたい。

　展開では様々な活動が可能であるが，「外国語活動」では，「聞くこと」「話すこと」を別々の活動として組むのではなく，統合的な活動を組むことで効果が期待できる。つまり，教師が言ったことに反応させる（カルタ取り，ポイントゲーム，キーワード・ゲーム，おはじきゲーム等）は「聞くこと」を主体として，教師側からの一方的な活動であるのに対し，「聞くこと」と「話すこと」が同時に行われるインタビューゲームは，子どもの聞く力と話す力の向上をめざしている。順序としては，「聞くこと」の活動から始め，徐々に「聞くこと」と「話すこと」の活動につなげていくことである。

　「外国語」においては，「聞くこと」「話すこと」「読むこと」「書くこと」の4技能の統合を図った活動は，英語教育にとって非常に重要な指導の一つとなっている。例えば，「夏休みの思い出を発表する」活動を行う場合，事前準備として，思い出を英語で書かせ（書くこと），ペアになって相手に思い出を話し（読むこと，話すこと），相手の思い出を聞く（聞くこと）ことが一連の流れとして行われる。これは，4技能が統合した活動となっている。この繰り返しが，子ども達のスキルアップにつながる。つまり，流れとしては，技能の一部についての活動を行い，その後，技能を統合した活動に組んでいくことである。

❹振り返り

　多くの学校では，授業の終わりの短い時間を使って，振り返る活動を行っている。学校独自に作成した振り返りシート（カード）を配布して，子ども達に授業の振り返りを書かせて，発表させている。ただし，学校によっては，「楽しかったですか」「よくできましたか」などと漠然とした質問に「よくできた」「まあまあできた」「あまりできなかった」と三択で答える形式を取っている場合がある。これでは，深く考えずに答える習慣が身に付くだけである。可能であれば三択の質問などは極力減らし，子ども自身の言葉で書かせるようにしたい。例えば，「この授業でできたことは何ですか」「難しいと思ったことは何ですか」など具体的に書かせることで，子どもの意識も向上し，国語の書く力につなげることもできる。

❺挨拶（終わり）

　終わりの挨拶にはできるだけ時間をかけないようにしたい。あっさり，See you. That's all for today. で終わることである。それ以上に，十分に導入や活動に時間を費やしたいものである。

学習指導案の書き方

　毎時間の授業や研究授業等には学習指導案は欠かせない。書き入れる事項や形式には，様々なものがあるが，ここでは基本的な考え方や書き方を示す。作成に当たっては，誰にでも分かるものにすることが基本で，特に，導入部や展開部においては，授業の進め方や手順が明確に分かるようにすることである。また，研究授業などでは学習指導案とともに，単元の時間配当と内容を記載し，本時の授業が単元全体の指導に当たっては，どのように取り扱われているのかを明確にする。記載に当たっての必要項目は以下通りである。

時間配当の記載内容

A	B
1	
2	

　A：（縦列）単元の授業時数
　B：（縦列）授業内容，学習する表現などを記載する。また，本時の授業がどの配当時間に
　　　　　　当たるのかが分かるように，「本時」と書き入れる。

学習指導案の記載内容

❶単元名
　本時で取り扱う単元名と総時間数を記載する。例えば，何が好き？What do you like?（4時間）とする。

❷目標
　本時の目標と単元総時間数における本時の時間を記載する。例えば，「何が好きかを尋ねたり答えたりする」（3／4）とする。

❸評価のポイント
　本時の評価のポイント（観点別）を記載する。その際，3つの観点（知識・技能，思考・判断・表現，主体的に学習に取り組む態度）のうち，どの観点による評価かを明確に示す。例えば，「何が好きか尋ねたり答えたりして伝え合う」（思考・判断・表現）や「何が好きかを尋ねたり答えたりして，友達と積極的に交流を楽しんでいる」（主体的に学習に取り組む態度）とする。

❹準備物
　本時の授業に用いる教材や教具を記載する。例えば，電子黒板，食べ物やスポーツの絵カード，振り返りシートなどとする。

❺授業展開表（進め方）
　授業の進め方が一目で分かる表を記載する。例えば，次のような表に，具体的な流れを書き入れる。授業形態により，書き入れる項目を変更する。

A	B	C	D	E
F				
G				
H				
I				
J				

A：（縦列）授業を構成している部分（挨拶，導入，展開，振り返り，挨拶等）とそれに要する時間を記載する。

B：（縦列）子ども（児童）の活動を具体的に記載する。多くの文末は「～する」とする。

C：（縦列）担任の活動を具体的に記載する。文末は「(子ども達に) ～させる」「～する」とする。

D：（縦列）ALTの活動を具体的に記載する。文末は「～する」とする。

E：（縦列）指導上の留意点と評価の観点及び評価方法等を記載する。例えば，「活動の時間を十分に確保する」「友達と積極的に話している」（行動観察）とする。

F：（横列）挨拶の内容を記載する。例えば，子どもの欄に，「大きな声で挨拶をする」"Hello." などと書き入れる。担任の部分には，「大きな声で挨拶させる」"Hello." などと書き入れる。

G：（横列）導入部の内容を記載する。例えば，担任の欄に，「大きな声で Hello song を歌わせる」などと書き入れる。導入部には，復習事項，スモールトーク，新出語彙，表現練習等が入る。

H：（横列）展開部の内容を記載する。例えば，担任と ALT の欄に，「ペアワークのモデルを示す」"How many apples?" "Three apples." などと，モデルのダイアログなども具体的に書き入れる。

I：（横列）振り返りの内容を記載する。例えば，ALT の欄に，「本時の感想を述べる」などと書き入れる。

J：（横列）終わりの挨拶の内容を記載する。例えば，子どもの欄に，「大きな声で挨拶する」"See you." などと書き入れる。

学習指導案作成で気を付けること

❶英語表記は正確に

学習指導案に英語を書き入れる際，綴りや文法等に細心の注意を払うことが大切である。必ず ALT に確認したり，コンピュータ上で綴りや表現をチェックしたりする。

❷時間にゆとりのある学習指導案に

活動などをあまり多く取り入れないことである。内容にゆとりを持たせた学習指導案にして，子ども達の状況を見ながら臨機応変に活動を加えたり，内容を変えたりする。

教材研究，教材・教具の作成法

　毎時間の授業を効果的に実践し，目標を達成するためには，テキストや教科書の教材研究や，授業で使用する教材・教具を効果的に作成することが重要なことである。具体的に見ていく。

教材研究の在り方

　テキストや教科書を使用する場合，事前に教材研究をすることは大切なことである。既に年間指導計画があり，それに当てはめればよいことではあるが，様々な状況から，計画通りに行えるというわけでもない。年間指導計画と照らし合わせながら，授業の計画を立て，授業の中身や流れを考える。その際，特に注意したい点は，テキストだから，教科書だからと，全ての単元を一字一句教えなければならないと凝り固まらないことである。昔から言われるように，授業は「教科書を教えるのではなく，教科書で教える」ことが重要なのである。しかも，「外国語活動」と「外国語」の目標は，スキル重視でも語彙・表現の定着でもない。テキストや教科書を通して，コミュニケーションを図る素地や基礎を育てることにある。したがって，子ども達の興味・関心のない単元や活動は行わないことや，生涯に渡って利用価値の少ない語彙，例えば特殊な動物名などは取り扱わない。また，中学校で何度も学習する表現は軽く扱うなど，思い切ることが大切である。特に教科書においては，「全て教えなければならない」との先入観や偏見は捨て去るべきである。子ども達の状況を考え，目標に到達するためのスモールステップをマネジメントすることが最も大切なことである。

　また，「教科書で」授業をする場合には，教師が単元内容に適した教材や教具を作成しなければならない。市販の教材・教具が子ども達の興味や関心を引くものであれば問題はないが，市販のものは往々にして高価で購入が難しい場合がある。その場合には，愛のこもった教材・教具を自ら作ることになる。作成上注意したい点は次の通りである。

教材・教具を作成する際の注意点

❶プリント類（ハンドアウト）を作成する際の注意点

　小学生だからといって，使用するプリント類を全て日本語で表記しなければならないというわけではない。例えば，クラスルーム・イングリッシュを多用している場合には，同じ表現をプリント類に英語で表記することは問題ない。Write your name.（名前を書きなさい），How many cards do you have?（何枚カードを持っていますか），Circle the correct thing.（正しいものに丸をしなさい）など，普段聞こえる指示が英語で表記されているだけである。つまり，教師が Write your name. と言っても，プリント類が「名前を書きなさい」となっていれば，英語を聞いて分かっているのではなく，日本語を見て分かっていることになる。これは，クラスルーム・イングリッシュを用いても，すぐ後に日本語で意味を言う場合に似ている。教師が「How many points did you get? 何ポイント取りましたか」と尋ねる。子どもは，How many points did you get? を聞かずとも，「何ポイント取りましたか」だけを聞き，分かったつもり

になっている。How many points did you get? は意味のない言葉になっている。これと同じことである。プリント類はできる限り日本語を使用せずに作成することである。

❷教具を作成する際の注意点

・絵カードを自作する

　市販の絵カードは高価なために購入が難しく，教師自身で作成した方が子ども達の興味を引くことができる。その際，手書きでもよいが，インターネット上の無料の写真やイラストを拡大し，ラミネート加工して用いるのがよい。これを英語教室等の特別教室や職員室のラックなどに収納して，いつでも誰でも使用できるように陳列しておきたい。

・100円ショップを活用する

　様々な教具は高価なため，それなりのものを100円ショップで購入するのも一つの手段でもある。例えば，ハエ叩き。2チームに分かれて，黒板上に貼られた絵カードをどちらのチームが早くタッチできるかを，ハエ叩きで競わせる。費用は税抜き2本で200円。100円ショップには，授業で利用できるグッズがたくさんあり，宝の山である。どれをどのように授業で用いるかは，教師の工夫と想像力による。

・校内にあるものを活用する

　校内も実は「外国語活動」や「外国語」の授業にとっては宝の山でもある。段ボール箱や大きなペットボトル，様々な廃材など，工夫次第では道案内やレストランなどの単元で活用できる。教材・教具にはお金をかけないことが鉄則である。

・子ども達の作品を活用する

　他の項でも述べたように，子どもが図画工作などで作成したものは立派な教材となりうる。「私の宝物」と題して，図画工作で絵を描かせ，それを「外国語」の時間にショウ・アンド・テルで発表させる。粘土で町の建造物や眼に見える情景を作らせ，教室の机の上に置き，町の道案内をさせる。家庭科で作成した様々な具材の味噌汁をビデオに撮り，「グループ自慢の味噌汁」と銘打って発表させる。このように，クロスカリキュラムを通して，子ども達の興味・関心を引きながら，授業を活性化していく。

・インターネット上の教材・教具を利用する

　インターネット上では，先のイラストだけに止まらず，様々な教材や教具を見つけることができる。ここも教材・教具の宝庫である。法令上問題がない場合にはどしどし利用し，問題がある場合には，そこからヒントをいただき，自ら創作して新たなものを作り上げる。

　以上のように，教材を創作することで，楽しく授業をつくり上げるための糧になるものである。なお，以下のwebサイトから，大阪樟蔭女子大学菅ゼミで作成した様々な教材を無料で利用することができる（現在，全世界で利用されている）。

アクセス方法①：「サクラ外国語活動」で検索
アクセス方法②：htttp://www.craypas.com/target/teacher/

ティーム・ティーチングの在り方

　ティーム・ティーチングのスタイルとしては様々なパターンが考えられる。担任とALT，担任と英語の堪能な地域人材，担任と専科教員など，2名で授業を行う場合や，担任とALTと地域人材など，3人で授業を行う場合も考えられる。地域や学校により様々ではあるが，ここでは，担任が授業の主担者（T1）と考えて，ALT（地域人材）とのティーム・ティーチングについてまとめる。

ティーム・ティーチングの在り方

　ALTや地域人材とティーム・ティーチングを行う場合，特に注意したい点は，担任が英語を苦手としても，決して卑下せず，主体的に授業をコントロールすることである。ALTや地域人材に遠慮して，授業の構成や教える内容までも任せていたのでは，子ども達への責任を回避していることと同じである。自分のクラスの子ども達に対しては，責任持って指導する必要がある。では，具体的にどのように対応したらよいのであろうか。

❶打ち合わせは極力短めに

　担任は主たる指導者である。授業を組み立て，ALTや地域人材には「ここでこれをしてもらう」と決めて提示する。あくまでもALTや地域人材は担任のアシスタントである。意見を聞いて一部を修正したとしても，根本的には担任の考えを変える必要はない。なぜなら，学習指導要領を理解し，子ども達の状況や育ちを理解しているのは担任以外にいないからである。したがって，打ち合わせはフィフティ・フィフティではなく，担任の授業案を伝えるだけでもよい。あるいは，事前にFAXやメールなどで授業案を送付するだけでもかまわない。こうして，ALTなどを育てるのも担任の仕事である。

❷授業中は遠慮せずに指示をする

　授業中に担任の意図と異なることをALTや地域人材が行った場合には，途中でも変更させたり，止めさせたりする必要がある。時に，ALTなどが自分勝手に暴走し，子ども達が戸惑っているところをよく目にする。特に，子どもにとって理解できないことや高度な内容，次に行われる指導内容と連携が図れない場合には，ALTの指導に割り込み，うまく子ども達をリードすることが求められる。

❸ALTの使う英語を真似る

　英語が苦手だからといって，英語から逃げていても始まらない。いかに効率よく英語を使える教師になるかである。無駄に高額なお金を使って英語学校や教材を購入しても効果の程は期待できない。そこで，無料で確実に英語運用能力を向上させる方法がある。それは，ティーム・ティーチングの授業の際，ALTや地域人材の話すクラスルーム・イングリッシュや子ども達に投げかける英語をよく聞いて，その表現を繰り返すことである。ただし，ALTの声ほど大きな声ではなく，子どもにやっと聞こえる程度の声の大きさが望ましい。例えば，次のよ

うなことである。
ALT：I'll introduce the next activity.
担任：The next activity. OK?
ALT：We'll show you a demonstration.
担任：We'll show you a demonstration.

ALTや地域人材とどう付き合うか
❶最初が肝心

ALTや地域人材と良い関係を保つには，初めて出会ったときが肝心である。その際，学校や子ども達の状況を説明するとともに，役割をしっかりと理解させることである。ALTや地域人材は，情報の乏しい中で子ども達に英語を教えることに不安を感じているものである。そこで，授業での役割，担任との役割分担，担任が望む授業などを確認することである。特に外国人は契約が最も重要と考えている。日本のように中途半端な契約では後々問題が生じる。これは，授業でも同じことである。はっきりと契約のように，「授業では担任の考え方に従うこと」と理解させることである。

❷英語を正してもらう

先に述べたように，英語を苦手とする教師にとっては，ALTや地域人材は自分にとって良き英語教師となりうる。担任が授業でクラスルーム・イングリッシュなどの英語を使った際には，授業後に英語を正してもらうことである。例えば，"You said, I like apple, but the correct is 'I like apples'."などと教えてもらう。

また，授業案などに英語を書く場合には，必ずALTに確認してもらうことが大切である。よく研究会などに提出される書類に英語の間違いを見つけることがある。ほんの些細なことのように思われるが，これにより，教師の英語力のなさがイメージされることにもつながりかねないので，注意を払いたい。

良いティーム・ティーチングとは

良いティーム・ティーチングとは，まさに小気味の良い漫才を見ているような感じを受ける授業である。昔で言えば，やすきよ（横山やすしと西川きよし）の漫才であり，阪神巨人（オール阪神・巨人）の漫才，最近では，サンドウィッチマンやオードリーなどのような漫才である。阿吽の呼吸で，ボケとツッコミが，違和感なくコミュニケーションを取りながら，楽しい時間が流れていく。これが究極のティーム・ティーチングなのである。このようなティーム・ティーチングを行うためには，普段から良い関係を築いておく必要がある。授業の事前の打ち合わせだけではこの関係は築けない。それ以外でのコミュニケーションが必要である。休み時間や放課後に，できるだけ授業以外の話をし，友達のような関係になることである。時には食事や飲み会も有効な手段である。自分のことを理解してもらい，こちらも相手のことを理解する。そこから，やすきよ漫才のような授業ができるようになるのである。

8 模擬授業の在り方

校内や教育センター等の研修において行われる模擬授業は，授業の指導力を向上させるには最も良い方法である。しかし，単に模擬授業を経験したからといって，指導力が向上するものでもない。そこには，周到な準備や実践，そして評価があってこそ指導力向上に直結するものである。それらについて具体的に見ていく。

模擬授業とは

模擬授業とは，教師の指導力を向上させるために，授業の擬似的な状況をつくり出し，準備から，実践，振り返りやフィードバック，評価までの一連の流れを通して行われる研修のことである。方法には様々あり，例えば，授業を細分化して（挨拶の部分，導入の部分，復習の部分，展開の部分，振り返りの部分等），フィードバックを繰り返しながらスキルアップをめざすマイクロティーチングの方法や，模擬授業の時間を30分程度に凝縮し，説明や相互評価を加えて行う方法もある。目的と状況に合わせて，模擬授業の方法を考える必要がある。そして，模擬授業により，各自の授業スタイルを多面的に検証する良い機会とする。

模擬授業の準備

模擬授業の準備には，大きく「指導案作成」「教材・教具準備」「模擬授業の練習」の3つに分けられる。模擬授業を1人（ソロ・ティーチング）で行うのか，2人以上（ティーム・ティーチング）で行うのかによって準備の仕方が大きく異なる。2人以上で行う場合には，多くの時間を用いて打ち合わせをする必要があり，分担して効率よく準備する必要がある。

❶指導案作成

指導案を作成する際には，模擬授業（例えば展開部分の20分等）を行う部分だけではなく，全体の授業（例えば45分）についての指導案を作ることである。それは，模擬授業の部分が他の部分とどのように連結しているのかを見るのに適しているからである。指導案の作り方については，Chapter 2の指導案の書き方を参考にする。

特に重要な点は，授業全体の中で，模擬授業の部分の役割，ねらい，時間を明確にしておくことである。

❷教材・教具準備

模擬授業に必要な教材・教具は，参加者の数だけ準備をし，可能な限り，学校などにある既存のものを使うようにする。新たに作成する場合には時間のかからないものにする。

❸模擬授業の練習

模擬授業に与えられた時間を効率よく実施するために，教材・教具を用いながら，練習を何度も繰り返す。特に，ティーム・ティーチングの場合には，役割分担を明確にし，何度も息の合った授業となるように練習を繰り返す。

模擬授業の実践

模擬授業を行う際には，手際よく進められるように，流れなどについて参加者と共通理解を図っておくことが重要である。流れとしては以下の通りである。

❶事前説明
・模擬授業を行う部分と状況説明及び指導案の説明を行う。
・特に，見てもらいたいポイントを説明する。
・全員で評価ポイントの共通理解を図る。

❷模擬授業実践
・授業者は，決められた時間を遵守し実践する。
・授業を想定し，授業者以外は子ども役になる。
・授業者以外は授業の評価ポイントに従い，評価点やコメント等も記入する。

模擬授業の評価

評価の在り方については，様々な方法がある。例えば，授業者が全体の前で模擬授業についてコメントをした後に，質疑応答の時間を設ける方法から，グループで話し合う方法まで様々である。最も効果が期待できる方法は以下の通りである。

❶授業者からの模擬授業に関するコメント
❷模擬授業についての質疑応答
❸グループでの討議

授業者以外は，付箋（ピンク）には良かった点を，付箋（グリーン）には授業の改善点（こうすればもっと授業が良くなるなど）をそれぞれ記載する。その後，Ａ３程度の紙に，色に合わせて別々に貼り合わせ，それぞれに良かった点と改善点について討議する。そして，グループごとに話し合った内容について発表する。

❹授業者からのコメント

グループから出された内容についてコメントする。

指導力向上のポイント

模擬授業を行っても，一気に指導力が向上するというものでもない。指導力を向上させるためには，様々なポイントがある。そこで，以下の点に注意して取り組むことである。

❶適切なアドバイスをする

授業者がやる気になるアドバイスを心がけるとともに，課題を明確にし，適切な解決策を提示する。

❷評価に十分な時間を取る

討議からコメントまで十分な時間を確保する。

❸人間関係に配慮する

模擬授業後の討議等で授業者と評価者と良い雰囲気を維持する。

校内研修の在り方

校内研修を行う際には，授業の指導力を向上させる研修なのか，または，教師の英語運用能力を向上させる研修なのか，明確にどちらかに決めて計画を立てることが必要である。もちろん，指導力向上研修の中には，クラスルーム・イングリッシュを活用することもあるが，この場合には，無理に英語運用能力向上までも求めず，指導力向上の一部の扱いとしたい。では，それぞれ，どのような研修が可能かまとめる。

授業指導力向上をめざした研修

❶学習指導要領やテキスト，教科書の理念，内容の理解

授業の指導力を向上させるためには，まずはじめに，学習指導要領に記載されている理念や目標，内容を全員に理解させる必要がある。これは，校内の連続したカリキュラムを作成させるための基盤でもある。この点が揺らぐと，一貫したカリキュラムは作成できず，その結果，子ども達にリスクを背負わせることにもなりかねない。また，今後使用するテキストや教科書の構成や内容も，校内で共通理解を図る必要がある。他学年が何を指導しているのかが分からないと，連携も図れない。

この研修の担当者としては，英語担当の教師や研究主任など，「外国語活動」「外国語」に造詣の深い教師を当てることである。時期は新学期が始まる前，春休みなどが最適である。

❷評価の在り方

指導があれば評価がある。指導と評価の一体化をめざし，評価の研修を行う必要がある。

特に，今後求められるパフォーマンスについての評価の在り方について，具体的な例を示しながら，教師の疑似パフォーマンス（スピーチや会話など）を全員で評価するなどの，目に見える評価を体験してみることである。

この研修では，可能であれば外部の講師（指導主事，大学教員）に依頼し，専門的な見地から研修を行うことである。

❸校内のカリキュラムについて

カリキュラムは基本的に校内で作成するものである。そこで，各学年で作成したカリキュラムについて，校内研修で共通理解を図る。様々な教師から意見をもらい，訂正なども行いたい。また，各学年の授業時間の確保についても話し合いたい点である。

この研修においても英語担当の教師が当たることになる。

❹授業公開

上記の座学的な研修とは対照的に，具体的に授業を参観し，その授業について討議する研修を多く持ちたい。授業公開を最低年間1人1回は行うこととし，誰でもが遠慮なく忌憚のない意見を交わす討議の場とすることで，授業力向上を図ることができる。その際，指導助言者はできれば外部の専門家に依頼することが望ましい。

❺マイクロティーチング

　校内でめざす授業の在り方について共通理解を図るためには，マイクロティーチングが最適である。グループで，導入や展開などに分かれて，授業準備から，授業実践，そして評価までの一連の流れを全員で体験してみる。これにより，仲間意識も芽生え，授業を見る目も育てることができる。

英語運用能力向上を図る研修

　英語運用能力を一朝一夕に向上させることはできない。スモールステップでもよいので，こつこつ繰り返すことが大切である。研修では次のような点に注意して構築することである。

❶最低，学期に１度は行う

　英語運用能力を向上させるためには，継続が力なりである。もちろん，毎日することに越したことはないが，多忙な折，学期に１度でも継続して行うことが大切である。学校によっては，朝のミーティングの際に，英語で挨拶や重要なフレーズを読み合わせたりしているところも見られるが，あまり無理することでもない。

❷発音の訓練・鍛錬

　英語の発音は難しいものである。しかし，これも慣れである。普段から意識していると，直すことができる。そして，研修をその機会とすることである。特に，以下の点を意識させることである。

　・日本語のような，単語の終わりに母音は付けない。and はアンドではない。
　・th の発音に注意する。Thank you. はサンキューではない。
　・v の発音と b の発音は異なる。very と berry は別の音で，別の意味。
　・r の発音と l の発音は異なる。rice と lice は別の音で，別の意味。

　この研修は，近隣の中学校の英語教師や大学の教員，または ALT にお願いする。

❸クラスルーム・イングリッシュの練習

　研修には，クラスルーム・イングリッシュの練習も加える必要がある。普段から全て英語で授業を進めることは誰にでもができることではない。まずは，クラスルーム・イングリッシュから始めたいものである。表現は決まっていることから，何度も繰り返し発音してみるなど，発話に慣れ親しむことである。

　本書の後部にあるクラスルーム・イングリッシュも参考にしたい。

❹会話・スモールトークの練習

　授業では，スモールトークや ALT との即座の会話も求められる。そのために，研修では，様々な状況に合わせた表現や臨機応変な対応，スモールトークの作り方や話し方などを取り入れることも重要である。

　この研修では，発音の練習と同様，ALT や大学教員にお願いし，また，普段の生活においては，できるだけ英語を使用することを意識付けたい。

授業研究，公開授業の在り方

　公開授業は，誰でも行うことが鉄則である。いつも決まった人だけが授業を公開するのでは，他の教師の指導力は一向に向上しない。授業を公開することを嫌がる気持ちはよく分かる。そこで，周りの教師がどれだけ支援できるかである。「まずは，やってみよう」が大切である。ここでは，一般論としての授業研究と公開授業の在り方と，公開授業に尻込みしている教師の支援の在り方をまとめる。

授業研究，公開授業の在り方

❶授業研究・公開授業のねらい

- 教師個々の指導力向上を図り，学校として教師の一定水準の力を維持・向上する。
- 教師の共通理解を図り，指導力向上へ向けて共通の目標を持つ。
- 授業を通して，他のクラスの児童の実態を知り，悩みや問題点，課題等を共有する。
- 優れた指導法や教材作成技法について，授業を通して知り，個々の指導力向上を図る。

❷授業研究・公開授業の実施方法

- 年間指導計画に沿って，授業研究・公開授業を実施する。
- 授業研究・公開授業では，校内の全員が参加できるように体制を整える。
- 授業者は，事前に指導案を作成し，校内の教師による指導案検討会を行う。
- 授業を的確に指導できる指導助言者を招聘し，専門的な指導ができる体制を組む。
- 公開授業のビデオや授業研究会での記録を取り，以後の参考とする。

❸授業研究の在り方

　公開授業の後の授業研究においては，次のような協議内容が考えられる。

- 本単元の構成と本時の授業の流れ
- 本単元の目標と本時の目標について
- 本単元の中での教材観，児童観，指導観について
- 本時の導入について
- 本時のコミュニケーション活動・言語活動について
- 本単元で使われている語彙・表現について
- 本時の指導方法の効果と改善点について
- 本時の授業におけるクラスルーム・イングリッシュについて
- 本時の指導支援体制（ティーム・ティーチングにおける役割分担等）について
- 本時の振り返りについて
- 本単元の具体的な評価の観点とその方法について
- 子ども達の動きや発音について
- その他

授業研究，公開授業に消極的な教師の支援の在り方

「外国語活動」及び「外国語」の授業に消極的で，公開授業などに尻込みをする教師は多い。その場合の理由としては，以下のことが考えられる。

①英語そのものが苦手である。人前で英語を話したくない。
②「外国語活動」及び「外国語」の授業をしたことがない。
③「外国語活動」及び「外国語」の授業がうまくいっていない。
④「外国語活動」及び「外国語」の公開授業でうまくいく自信がない。

などが考えられる。しかし，誰でもはじめは同じことである。はじめから自信たっぷりに授業ができる人など皆無である。そこで，上記のような教師に対し，いかにやる気を起こさせ，全体としても戦力になってもらうかをまとめてみる。

❶指導体制について

公開授業で，はじめからソロ・ティーチング（1人）をしてもらうのはハードルが高すぎる。そこで，ネイティブ・スピーカーや地域人材とのティーム・ティーチングから始める。それでも尻込みしそうな場合には，校内で仲が良く授業が堪能な教師とのティーム・ティーチングを考える。どの場合も苦手意識を持った教師を主たる指導者（T1）として授業を行う。

❷目標の設定

全てを期待するのではなく，スモール・ステップで指導力を向上させるために，例えば，今回はできるだけ日本語を使わない（英語で授業を進めるのではなく，無駄な日本語は使わないということ）や，導入における新出語彙の発音のモデルをする，言語活動でALTとモデルを示すなど，45分間の中で，1つや2つの目標を立てて，それを実現するように仕向ける。

❸指導案の作成支援

指導案は無理のない範囲で作ってもらい，完成後に，他の教師が確認し，無理なく授業ができるものにする。その際，その教師のプライドを傷つけることのないよう，仲間として支援している姿を感じさせる。

❹教材・教具の支援

公開授業に向けて，教材や教具を作成することは時間もかかり，気持ちも萎えてしまいかねない。そこで，周囲の教師が既に作成物として持っている場合には貸してあげたり，新たに作成する場合には手伝ったりする。

❺笑顔で授業を参観

公開授業では，できる限り笑顔で参観する。恐い顔での参観は今後のやる気を削ぐことにもつながる。

❻授業研究のポイント

授業研究では，良かった点を褒め，目標としていたことをクリアできていたかを確認する。以上のことを積み重ね，徐々にハードルを上げながら指導力の向上を図っていく。

Chapter 3 　指導編
小学校外国語活動・外国語授業づくりの基礎・基本

領域別指導法　「聞くこと」の指導

　言語教育において，「聞くこと」は4技能の中でも言葉の礎となるものである。これは，赤ちゃんが言葉を習得する経緯を考えればよく分かる。生まれてこのかた母語を耳から聞き，音に慣れ親しみ，相手の真似をしながら言葉を発し始める。そして，その後，音や言葉を文字化していく。これと同様，小学生が初めて英語に触れるとき，最も大切なことは日本語と英語の音の違いに気付かせたり，英語の音に慣れ親しませたりしながら，相手の言葉の意味を理解できるようにしていかなければならない。あくまでも，英語導入当初は，「聞くこと」を重視することである。「聞くこと」ができないのでは，「話すこと」は当然できないのが鉄則である。

学習指導要領の「聞くこと」から分かる指導の在り方

　「外国語活動」では，学習指導要領における「聞くこと」の目標は以下の通りである。
　ア　ゆっくりはっきりと話された際に，自分のことや身の回りの物を表す簡単な語句を聞き取るようにする。
　イ　ゆっくりはっきりと話された際に，身近で簡単な事柄に関する基本的な表現の意味が分かるようにする。
　ウ　文字の読み方が発音されるのを聞いた際に，どの文字であるかが分かるようにする。

　下線（筆者記入）部から分かるように，以下の点に注意して指導することが求められる。
①子ども達に英語を聞かせる場合には，ゆっくりはっきりと話すことに留意し，言われている語句や表現の意味が分かるようにすること。
②文字に関しては，特にアルファベットの文字を発音する場合には，子どもがどの文字が発音されているのか分かるようにすること。

　一方，「外国語」では以下の通りとなっている。
　ア　ゆっくりはっきりと話されれば，自分のことや身近で簡単な事柄について，簡単な語句や基本的な表現を聞き取ることができるようにする。
　イ　ゆっくりはっきりと話されれば，日常生活に関する身近で簡単な事柄について，具体的な情報を聞き取ることができるようにする。
　ウ　ゆっくりはっきりと話されれば，日常生活に関する身近で簡単な事柄について，短い話の概要を捉えることができるようにする。

　以上から，ここでも，ゆっくりはっきりと話さなければならないことが分かる。聞き取らせる内容については，下線部以降に記されているものを見れば分かる。例えば，ALTとティーム・ティーチングを行う際には，ALTに子どもの状況を伝え，話すスピードや言葉の明瞭さについてしっかりと伝えておく必要がある。そして，常に子ども達を観察しながら，話すスピードがゆっくりすぎたり，速すぎたりしないように注意を払うことである。このことは，「話すこと」のやり取りにおける指導でも同じことが言える。

「聞くこと」の活動と評価方法

「聞くこと」を主な目的とした活動には，新出語彙を聞き取れるようにさせたり，初めて学ぶ表現に慣れ親しませたりするものが多い。また，語彙や表現の意味を理解しているかどうかを判断するテストを用いることも必要になる。具体的に見ていく。

❶主な活動

a．ポインティング・ゲーム（指差しゲーム）

教師の指示に従って，指示されたものを指差すゲーム。耳で聞いて，イラストなどから判断して，正しいものを指し示す。

b．キーワード・ゲーム

ペアになり，2人の間に消しゴムを置く。いくつかある単語の中から1語をキーワードと決め，そのキーワードが言われたら，消しゴムを取り合うゲーム。

c．おはじきゲーム

様々なイラストの上に，決められた個数のおはじきを置き，おはじきが置かれたイラストが言われたら，そのおはじきを取り，全てのおはじきがなくなった人が勝ちとなるゲーム。

d．スリーヒント・ゲーム（Who am I?）

3つのヒントから，それが何かを当てるゲーム。I'm black and white. I like bamboo leaves. I'm from China. 答えは a panda bear である。

e．ビンゴゲーム

カードを縦4枚横4枚，または縦5枚横5枚に並べ，発音されたカードを裏返し，縦横斜めにカードが一列裏返すことができたら勝ちとなるゲーム。

❷主な評価方法

特に高学年の「外国語」では，評価を行う際に，様々な評価方法（テスト等）を行うことになる。「聞くこと」においては，以下の方法が考えられる。

a．聞き取りテスト（クイズ）

授業で学んだ語彙や表現の理解度や定着度を計るためには，聞き取りテストが最適である。例えば，言われたものを，4つのイラストの中から適切なものを1つ選ぶ4択問題や，会話が行われている場面を4つのイラストから適切なものを選ぶ問題など，音声から判断する問題を作成する。選択肢にはイラストや写真などを使用する。

b．パフォーマンス・テスト

子どもの行動から，指示内容が正しく聞き取れているかを判断することができる。例えば，道案内の状況を考えてみればよく分かる。道案内の指示に従って，正しい道のりで，目的地にたどり着けるかどうかを見ることで，正しく聞き取れているかどうかが分かる。

これは，様々な活動でできる。教師の指示で，正しいカードを取らせたり，ジェスチャーをさせたりすることも同じことである。

領域別指導法 「話すこと［やり取り］」の指導

「話すこと」は，「やり取り」と「発表」の2つの領域に分けられている。やり取りでは，ペアやグループなどでの対話や話し合いなどがこの指導に含まれ，相手の話を受けて，自分の考えや意向を伝えることができるように指導することが求められる。その際，発音の面や表現の点で相手に正しく伝わるようにすることと，誰とでも躊躇なく話ができるように指導する必要がある。一方的に話すのではなく，相手が話していることを理解し，相手意識を持ちながら，相手の気持ちをおもんぱかって，こちらの伝えたいことが伝わるように指導する。

学習指導要領の「話すこと」（やり取り）から分かる指導の在り方

「外国語活動」では，学習指導要領における「話すこと」（やり取り）の目標は以下の通りとなっている。

ア　基本的な表現を用いて挨拶，感謝，簡単な指示をしたり，それらに応じたりするようにする。

イ　自分のことや身の回りの物について，動作を交えながら，自分の考えや気持ちなどを，簡単な語句や基本的な表現を用いて伝え合うようにする。

ウ　サポートを受けて，自分や相手のこと及び身の回りの物に関する事柄について，簡単な語句や基本的な表現を用いて質問したり質問に答えたりするようにする。

下線（筆者記入）部から，授業は以下の点に注意して指導することが求められる。

①子どもがやり取りができるように，一度学んだ語彙や表現だとしても，一朝一夕に活用できるようにはならないので，教師が活動において様々な支援をすること。

②テキストや教科書で学ぶ簡単な語句や基本的な表現は，何度も使わせて慣れさせることが大切である。その際には，間違いを恐れない授業環境が必要である。また，様々な活動は，子ども達が話すことの楽しさを体験できるように，必然性のある活動を組むこと。

一方，「外国語」では以下の通りとなっている。

ア　基本的な表現を用いて指示，依頼をしたり，それらに応じたりすることができるようにする。

イ　日常生活に関する身近で簡単な事柄について，自分の考えや気持ちなどを，簡単な語句や基本的な表現を用いて伝え合うことができるようにする。

ウ　自分や相手のこと及び身の回りの物に関する事柄について，簡単な語句や基本的な表現を用いてその場で質問をしたり質問に答えたりして，伝え合うことができるようにする。

以上から，次のことが考えられる。

①下線部の「その場で」から，臨機応変に即興で言えるように，日頃から練習を繰り返し行うこと。

②相手意識を持って，相手の意向を読み取れるように日頃から育てていくこと。

「話すこと」(やり取り) の活動と評価方法

「話すこと」(やり取り) を目的とした活動には，ペアワークやグループワークなどでの対話や話し合いが考えられる。ただし，中学校で行われる表現の繰り返し練習であるパターン・プラクティスやロール・プレーではなく，常に必然性を考えながら，自分の考えや意向を伝える活動を組むことが大切である。具体的に見ていく。

❶ 主な活動

a．インタビュー・ゲーム

ペアになり，質問する方と回答する方とに分かれてインタビューをし合う。はじめに，隣同士のペアで質疑応答を繰り返し，慣れてきたらクラス全体で行う。例えば，What color do you like? － I like red. などと聞いたり答えたりしながら，最終的には，「クラスで最も人気のある色は何か」などとデータにまとめさせると面白い活動になる。つまり，人気の色を調査するために What color do you like? の表現を使う必然性が生まれる。

b．伝言ゲーム

クラスをいくつかのグループに分け，グループごとに 1 列に並ばせ，例えば，前からの What sport do you like? の質問に I like tennis. と答え，後ろに同じ質問をしていき，最後尾の子どもが答えた段階で終了とし，順位を競わせる。

c．買い物ゲーム

子どもを店員と客に分け，客は欲しい物を店に買いに行く。店員は客の要望に応えて品物を渡す。また，料理の具材を購入させて，常に活動の必然性を高めるために，購入した物で好きなランチや料理を作るなどのタスクにする。同じように，レストランでの場面でも，子どもが本当に食べたい物や飲みたい物を注文させるやり取りなどを組んで，実際に演じさせる。

❷ 主な評価方法

「話すこと」(やり取り) では，普段の授業内で，子どもがどのような語句や表現を発しているか，相手とスムーズに会話が行われているかなどを見取りながら評価することができる。他には，次のような評価方法 (テスト等) が考えられる。

a．インタビュー・テスト

教師が子ども個々にインタビューして，適切に答えているかを判断する。例えば，"What color do you like?" に対し，"I like red." と答えた場合と，"Red." と答えた場合とでは，どう評価するか。これは，日頃 "Red." と答えてもよいと指導している場合には，同程度に評価すべきであるが，文で答えるようにと指導している場合には，"Red." では評価を下げるのが当然である。

b．即興スキット

例えば，店員と客とをその場で指名し，買い物を行わせる。事前に練習をしていないために，相手が何を言うのか想像ができないことから，臨機応変な対応を評価できる。

3

領域別指導法 「話すこと［発表］」の指導

「話すこと」の発表においては，普段からのスモール・ステップの練習が重要である。やり取りであれば，聞いたことをすぐにでも再生できるが，発表では，語句や1つの表現だけでは発表にならない。日頃からの語句や表現の積み重ねがあって発表が可能となる。評価はパフォーマンステストが中心となり，評価規準が適切に定められていれば，評価に迷うことはない。

学習指導要領の「話すこと」（発表）から分かる指導の在り方

「外国語活動」では，学習指導要領における「話すこと」（発表）の目標は以下の通りとなっている。

- 身の回りの物について，人前で実物などを見せながら，簡単な語句や基本的な表現を用いて話すようにする。
- 自分のことについて，人前で実物などを見せながら，簡単な語句や基本的な表現を用いて話すようにする。
- 日常生活に関する身近で簡単な事柄について，人前で実物などを見せながら，自分の考えや気持ちなどを，簡単な語句や基本的な表現を用いて話すようにする。

下線（筆者記入）部も含めて，授業では，以下の点に注意して指導することが求められる。

①目標全てに下線部の「人前で実物などを見せながら」とある。これは，スピーチをするときなどは，show and tell の手法を用いることが求められている。子ども自身が描いた絵や，普段から大切にしているものなどを提示しながら発表させるのである。この手法は，聞く側にとっても理解しやすくなる利点がある。

②パフォーマンスの方法としては，スピーチ，スキット，劇などが考えられるが，評価としては，英語の面，内容の面，態度の面など様々な評価のポイントが考えられる。指導と評価がぶれないように指導する必要がある。

一方，「外国語」では以下の通りとなっている。

- 日常生活に関する身近で簡単な事柄について，簡単な語句や基本的な表現を用いて話すことができるようにする。
- 自分のことについて，伝えようとする内容を整理した上で，簡単な語句や基本的な表現を用いて話すことができるようにする。
- 身近で簡単な事柄について，伝えようとする内容を整理した上で，自分の考えや気持ちなどを，簡単な語句や基本的な表現を用いて話すことができるようにする。

以上から分かることは，以下のことである。

①「伝えようとする内容を整理した上で」とあり，内容の吟味が要求されており，内容のある発表になるように基礎を積むことが求められている。これは，中学校でも求められるものである。

②スピーチは show and tell のみならず，様々な形に取り組むことも求められている。

「話すこと」（発表）の活動と評価方法

「話すこと」（発表）では，パフォーマンスとしての発表を行わせる必要がある。そのためには，人前で大きな声で話すことに抵抗感を感じないような子どもを育てなければならない。導入期の3年生から，人前で英語を話すことに慣れさせていく必要がある。緊張感をどう乗り越えさせるか。どう躾ていくか。これがコミュニケーション能力の素地を育てることである。

評価については，評価規準を明確にすることで，評価が容易になり，評価の揺れも少なくなる。具体的に見ていく。

❶主な活動

a．show and tell

先にも述べたように，具体物を示しながら，それに関するスピーチを行う。具体物は，家から持参させてもよいし，図画工作科で作成した作品を活用してもよい。後者は，クロスカリキュラムとして，子ども達の興味・関心を引き出し，効果も期待できる。

b．スピーチ

例えば，「私の一日」のテーマで，一日の生活時間を発表させたり，「夏休みの思い出」と題して，夏休み終了後に発表させたりするなど，テキストや教科書にある題材を活用して発表にまで積み上げていく。発表を成功させるためには，授業ごとの内容を吟味しながら，スモールステップで積み重ねる計画を立てることである。

c．スキットや劇の発表

事前に子ども達が用意した内容をスキットとして発表させたり，劇を発表させたりする。この場合には，事前に何時間かの練習，リハーサルなども授業時間に組み入れる必要がある。高学年では，子どもに劇を創作させることも面白い。

❷主な評価方法

「話すこと」（発表）における評価方法は，上記の活動について評価することになる。また，発表のために，普段の授業ではどのように子ども達が行動していたかを見取ることで評価することもできる。評価で注意したい点は以下の通りである。どこに重点を置くかは，常に授業を振り返り，指導あっての評価であることを忘れてはいけない。

a．英語面での評価

英語の発音が相手に分かる程度か，適切な表現が使われているかなど，英語使用面での評価をどの程度するかは，子どもの状況から考えることが一番である。あまり重要視しすぎると，英語嫌いを生み出すことにもつながる。

b．態度面の評価

声の大きさ，視線，ジェスチャー，劇やスキットなどでは，その役になりきっているかなども評価に入れることができる。

4

領域別指導法 「読むこと」の指導

「読むこと」の指導は，5年生から取り扱うこととされている。しかし，アルファベットの文字の読み方については，3年生で取り入れられているので，厳密に5年生から開始するというのは学習指導要領上での話である。

ただし，アルファベットの文字を読むことであれ，基本は，まず「聞くこと」にある。しっかりと音を聞かせてから，文字を読ませるようにしなければならない。また，過度に読むことを強いることは英語嫌いを生み出すことにもつながり，注意が必要である。

学習指導要領の「読むこと」から分かる指導の在り方

「読むこと」は，当然，「外国語活動」に記載はない。「外国語」では，「読むこと」の目標は以下の通りとなっている。

- 活字体で書かれた文字を識別し，その読み方を発音することができるようにする。
- 音声で十分に慣れ親しんだ簡単な語句や基本的な表現の意味が分かるようにする。

下線（筆者記入）部も含めて，授業では，以下の点に注意して指導することが求められる。

① 「読むこと」は，他の技能より簡単明瞭に書かれている。このことからも分かるように，「読むこと」の導入期に当たる高学年においては，多くを読ませるのではなく，まずは，読むことに対して抵抗感を持たせないように指導する必要がある。そのために，正確さを求めるのではなく，まず英語を読んでみたいと思わせるような教材を選んだり，活動を組んだりすることが大切である。

② 下線部の「文字を識別」や「音声で十分に慣れ親しんだ」から分かるように，アルファベットの大文字は3年生であり，小文字は4年生で取り扱うことになっている。先の「外国語活動」の「聞くこと」の目標には，「文字の読み方が発音されるのを聞いた際に，どの文字であるかが分かるようにする」とあることから，文字の識別は中学年である程度できていなければならない。そこで，十分に音に慣れ親しんだ文字について，高学年では，子ども達が自ら読むことができるように指導しなければならない。つまり，アルファベットの文字の読みは，少なくとも小学校で完成していなければならないのである。中学校に入学してもアルファベットの文字が読めないようでは，教師の指導力が問われかねない。

③ それに加えて，「音声で十分に慣れ親しんだ」簡単な語句や基本的な表現の意味も分かるようにしなければならない。これは，少なくとも，中学年で取り扱った語句や表現については，高学年で文字化されたものを読めるようにする必要がある。十分に音に慣れ親しんだ語句や表現は，文字として目にしてもそれほど抵抗感は感じられないものである。同じように，高学年で初めて取り扱う語句や表現においても十分に音に慣れ親しんでから読ませるようにすることが大切である。文字ありきで意味を理解させようとすると，発音に問題が生じてくるので気を付けたい。

「読むこと」の活動と評価方法

　「読むこと」は、「聞くこと」「話すこと」の延長線上にあるので、十分に音に慣れ親しんでいない語句や表現を読ませることは困難なことである。また、子ども達に語句や表現を読ませるためには、「読んでみたい」という意欲・関心を持たせることが必要である。そのために、様々に工夫された活動を考えなければならない。また、教室環境も整える必要がある。教室の様々な掲示物に英語表記が書かれてあったり（イラスト中心で文字は小さめ、文字が自己主張しない程度の大きさ）、アルファベット表が教室や廊下に貼られていたりと、子どもの目の届くところに何気なく英語の文字や語句、表現がある状態を作り出す。これが文字に対する抵抗感をなくし、読む活動に積極的に取り組ませることができる。具体的に見ていく。

❶主な活動

a．カルタゲーム

　カルタの要領で、読み札とイラストのカードの2種類を用意する。読み札には英語のみが書かれ、他方には、イラストと小さく英語表記があるものを使用する。グループになり、読み手と取り手に分かれ、読み手の読み上げる英語に従って、イラストカードを取り合う。読み手は常に英語を読む必要があり、読む必然性が生まれる。

b．ポインティング・ゲーム

　通常はイラストが描かれたカードを用意するが、ここでは、「読むこと」をねらいとしているため、英語の文字や綴りだけが書かれたカードを用意し、教師の読み上げるものを指差させる。ペアやグループで競い合わせながら、音声と文字や綴りとの関係を認識させる。

c．読み聞かせ

　テキストや教科書にある簡単な英文を利用して読み聞かせを行う。はじめは教師が英文を指し示しながら読み聞かせる。次に、教師が読む英文に合わせて、子ども達に英文を指で押さえさせる。その後、ペアで、一方が英文を指し示しながら相手に読み聞かせをさせる。

❷主な評価方法

　「読むこと」における評価は、アルファベットの文字や慣れ親しんだ語句や表現を読むことができるかである。この場合、どの程度まで求めるかである。状況によっては正しさを求めたり、ある程度読めればよいとしたりと、状況や指導の内容により判断しなければならない。

a．リーディング・テスト

　子ども一人一人に、授業で取り上げた英文を読ませてみる。ただし、評価規準は指導した内容に合わせる。

b．内容をまとめさせる

　授業で慣れ親しんだ英文について、子どもが読みながら、内容を日本語でノートにまとめさせる。日本語の直訳ではなく、内容を自分の言葉でまとめさせ、理解度を確認する。難しい場合には、知っている単語の意味を書かせてもよい。

⑤ 領域別指導法 「書くこと」の指導

　「書くこと」は，「読むこと」と同様，高学年で初めて取り扱う技能である。子ども達にとっては，最もハードルが高く，抵抗感を感じるものである。この抵抗感をいかに感じさせずに，積極的に書かせたり，楽しく書かせたりするためにはどうすべきか。このことは，それほど難しいことではない。つまり，子ども達に書きたい，書いてみたいと思わせる状況や教材を用意することである。これは，母の日に「お母さんに手紙を書きたい」，誕生日に「カードを書きたい」と思うことと同じで，子どもの心に「書きたい」という意欲の火を灯すことである。この状況設定を作るのは教師である。単語を何度も書いて覚える前に，書く行為は，「書いてみたい」→「書くことができた」→「書くことが楽しい」→「正しく書きたい」→「そのために練習」→「正しく書けた」と続く。小学校では，書くことが楽しい段階まで育て上げる必要がある。

学習指導要領の「書くこと」から分かる指導の在り方

　「外国語」では，学習指導要領における「書くこと」の目標は以下の通りとなっている。

- 大文字，小文字を活字体で書くことができるようにする。また，語順を意識しながら音声で十分に慣れ親しんだ簡単な語句や基本的な表現を書き写すことができるようにする。
- 自分のことや身近で簡単な事柄について，例文を参考に，音声で十分に慣れ親しんだ簡単な語句や基本的な表現を用いて書くことができるようにする。

　下線（筆者記入）部も含めて，授業では，以下の点に注意して指導することが求められる。

①高学年では，アルファベットの大文字と小文字を書けるようにさせなければならない。そのためには，3年生で学ぶ大文字と4年生で学ぶ小文字を，その学年内に音声と合わせながら，形を確実に認識させておかなければならない。このことができることで，書くことができるようになるのである。

②右のものを左に単に書き写す行為は，一見簡単なことのように思われるが，そうでない場合が多い。注意散漫な場合を除いて，様々なことが考えられる。最も注意しなければならないのは，読み書き障がいの場合である。いわゆるディスレクシアの子どもの場合である。この点については，場面別指導法の項で詳しく述べる。

③書くためには，必ずノートが必要である。四線が書かれたプリントを配布して子どもに書かせている場合もあるが，できれば，個々にノートを持たせたい。それは，ポートフォリオ的に考えれば，徐々に文字が綺麗になったり，正しく書けるようになったりと育ちの経過を自分の目で確かめることができるからである。上達していく自分を実感でき，書くことへの関心・意欲にもつながる。ノートを購入する際には，以下の2種類がお勧めである。

㈱サクラクレパスの学習帳
「サクラ学習帳　英習罫8段エレファント」，「サクラ学習帳　英習罫10段ライオン」

　子どもの状況を踏まえ，大きめの8段か，小さめの10段かを選んで使用させる。

「書くこと」の活動と評価方法

　「書くこと」は，子ども達が書いてみたいと思うような活動や教材をいかに用意するかである。つまり，成功と失敗の分かれ道は，活動や教材によるところが大きい。では，どのような活動を考えるかである。

　「書くこと」では，まず，モデルを示すことから始める。まさに書写と同じである。書写では，モデルを真似ながら一生懸命に筆を走らせている。英語の場合も，教師が黒板に書き方のモデルを示し，文字を書くイメージを植え付ける。その上で，テキストなどを見ながら書き写させる。そこで最も大切なことはまず褒めることである。「書くこと」の初期段階では，いかに情意フィルターを下げることができるかである。そして，高学年では，毎回の授業で，たとえ一文でもよいので，書く活動を必ず取り入れることである。これにより，書く習慣が身に付き，「書くこと」が習慣となり，抵抗感をなくすことができるのである。では，書きたくなる活動とは何か，例を示す。

❶主な活動

ａ．展覧会の開催

　中学年の初期段階では，教室の後方の壁に書写の作品と同様，アルファベットの文字（イラストタッチで書かせた方が楽しい）を掲示し，品評会をする。正しく書けていなくても，「良い味出しているね」などと，一言二言必ず全員を褒める。

ｂ．綴り合わせゲーム

　黒板に絵カード（英語の綴り入り）を数枚貼り，それを見ながら，グループでアルファベットの文字カードを並べて，正しい単語がいくつ完成するかを競い合うゲーム。並び替えが完成したら，その綴りをノートに書き写させていく。

ｃ．行事ごとのカード作成

　年賀状や暑中見舞い（夏休みの思い出），誕生日カードや家族へのカード，友達へのカードなどをイラストとともに書かせる。その際，音声に慣れ親しんだ語句や表現を文字化させて，かっこよく書かせるようにする。

ｄ．修正ごっこ

　子ども達が書いた作品を集め，ペアやグループに他の子どもの作品を配り，それを修正（間違いを直したり，内容を褒めたり）させる。一見，無理な活動にも見えるが，様々な作品を見て，自分のものと比較していくことで，どれが正しいのか，どのように書くとよいのかなどについて，徐々に気付く。教師が直すより，しっかり書こうと思うようになる。

❸主な評価方法

　「書くこと」における評価のポイントは，正しく書いているかよりも，できるようになってきているかを丁寧に見届けて，形成的な評価も加味して評価していく。正しく書くことは中学校以降に求められる技能で，ここでは，「書くこと」への意欲を高めるように評価を考えたい。

領域別指導法 文字の導入

アルファベット26文字は，子どもにとっては，単なる記号として受け取っている場合が多い。しかし，これらは，平仮名の「あいうえお」と同じように，言葉のもととなる文字であり，それらがつながることで，意味のある言葉となっていることに気付かせる必要がある。この点を考慮しながら，文字導入の方法を順に示していく。

文字の認識

まず，アルファベットの文字に馴染ませることから始める必要がある。子どもの頃，学校や家庭には50音表のポスターがよく貼られていた。これから無意識のうちに平仮名を目にし，徐々に慣れ親しんだのである。平仮名と同じことを考えれば，アルファベットでも26文字のポスターが効果的であることが考えられる。そこで，目からアルファベットの文字情報を入れるために，私のゼミ（菅ゼミ）と㈱サクラクレパスで作成した写真の「アルファベット一覧表」を希望の方にお送りしたい。以下まで連絡をいただければ幸いである。

連絡先：kan.masataka@osaka-shoin.ac.jp
（菅　正隆）（必要枚数と送り先をお知らせください。
また，別に動詞一覧表もあります。）

また，学校内の部屋の前には，例えば，職員室（Teachers' Room），校長室（Principal's Office），音楽室（Music Room）など，日本語と英語で併記していたり，階段一段一段に英語で書かれたカード，例えばJanuary（１月），February（２月）とカードを貼ったりしている。これも，子ども達に文字への抵抗感をなくし，慣れ親しませるための工夫の一つである。

このように，目から文字を認識することが導入の第一歩である。ただし，これは，「外国語活動」の授業が開始される３年生からでなくてもよい。小学校の入学時から，文字を目に触れさせるために，先ほどのポスターなどが教室に貼ってあることも，文字への抵抗感をなくすことにつながる。そして，「外国語活動」で文字を学ぶ際に，抵抗なく活動ができるようになる。

文字と音声とをつなぐ

目で文字を認識するようになれば，次に耳で音を聞き，文字と音とをつなぎ合わせていく。何度も文字と音とを同時に確認させながら，慣れさせていくことが必要である。活動としては，以下のようなことが考えられる。

a．歌（ABCソング）を歌う

アルファベットソングやABCソングには，様々なパターン（どの文字とどの文字との間で区切るか）があり，みんなで大きな声で歌えるようにする。モデルのCD等を利用して，何度も真似をしながら歌わせ，その後にアカペラで歌わせる。アルファベットを学ぶ単元以外でも，何度も歌わせて，音に慣れ親しませていく。その際には，子ども達がアルファベットの文字を

目にすることができるように，黒板等に文字カードを貼っておく。

b．アルファベットを順番に発音する

　通常，AからZまで順番にアルファベットの文字を発音させていくが，時には，ZからAまで遡って発音させることも面白い。ZYXWVUTSRQPONMLKJIHGFEDCBA の順で発音することは大人でも難しい活動なので，子ども達にとっては非常に難しく，何度も指を折ったり，Aから発音して考えたりと，思考する知的な活動にすることができる。はじめは，AからZまで文字カードを並べて貼り，それを見ながら，Zから発音する練習をさせ，徐々にカードがない状態でも発音できるようにする。

c．ポインティング・ゲーム

　アルファベットの26文字が記載されているテキストやプリント，またはカードを机上に置き，ペアになって，読まれる文字をいち早く指差した方が勝ちとなるゲーム。読み手は教師だけではなく，子どもにさせることで，文字に対する理解度も向上する。

d．タッチゲーム

　教師（子ども）が発音する文字を，持ち物や教室にあるものの中から見つけ出してタッチするゲーム。誰が早くタッチできるか，いくつ文字を探し出したかを競い合う。

e．アルファベット・ビンゴ

　アルファベット26文字のカードから，縦5枚，横5枚，計25枚を並べ，ビンゴカードを作らせる。教師（子ども）が発音するカードを裏返し，縦，横，斜めのカードが1列裏返されたらビンゴとなるゲーム。

f．神経衰弱

　ペアになり，2人のアルファベットカード26文字分，計52枚のカード全て裏返し，1人ずつ順番に2枚のカードを表にし（開いたカードの文字は必ず発音することをルールとする），文字が揃ったら自分のものとなる。最も多くカードを集めた方が勝ちとなるゲーム。

g．ジェスチャー・ゲーム

　グループやクラス全体で，1人の子どもがアルファベットの文字を体やジェスチャーで表し，他の子ども達が何の文字であるかを当てるゲーム。

h．自分の名前紹介

　自己紹介のときなどに，自分の名前をアルファベットの文字で説明する。例えば，亀井結衣であれば，Hello. My name is Kamei, k-a-m-e-i, Yui, y-u-i. Nice to meet you. などのように紹介する。

文字を書く

　次の段階では，四線のノートに26の文字を書いていく。その際，ただ機械的に書かせるのではなく，1文字ずつ発音しながら書いていく習慣を付けることで，音と文字とが一体となり，文字を書くことも苦にならなくなる。

領域別指導法　「読むこと」「書くこと」の導入

「読むこと」の導入

「読むこと」の導入に当たっては，以下の順に指導していくことが大切である。

❶記号から文字への意識変革

アルファベットの文字は，子どもには意味のない記号として目に映っている。この記号を意味のある文字として認識させることが大切である。そのためには，学校内や教室内に英語で表記された看板やポスターを貼り，無意識のうちに文字を目にする環境をつくり出すことである。

また，歌やチャンツなどで，楽しく文字に触れたり，国語科でローマ字を学習する時期に合わせて，文字遊びや文字の練習などを繰り返し行ったりする。これらの文字がつらなって，自分や友達の名前を表す綴りになることを知り，徐々に，記号から意味ある文字へと意識が変わっていく。この初歩的なことが実は重要で，これ抜きに，一気に活字体で書かれた文字を読ませることは，英語嫌いをつくることにもつながり，危険である。また，フォニックスを用いることも考えられるが，学習指導要領の解説に，「発音と綴りを関連付けて指導することは，多くの語や文を目にしたとき，苦手意識をもったり学習意欲を低下させたりすることなく，主体的に読もうとするようになる上で大切なことの一つであるが，中学校の外国語科で指導することとされている」とあるように，フォニックスは中学校の指導内容となっている。このことは，平成20年改訂の学習指導要領にも明記され，既にフォニックスを取り入れて，多くの英語嫌いを生み出した経緯から定められたものである。

❷活字体で書かれた文字を適切に発音する活動

文字は記号ではなく意味のあるものと認識させた後に，文字を確認しながら，語句や表現の意味を捉える活動へとつなげる。例えば，「外国語活動」で音声に慣れ親しんだ果物 apple を，文字を提示しながら，教師の発音とともに読ませたり，I like apples. の文を見ながら，モデルとともに読ませたりするところから始め，徐々に，1人で英文を読めるようにする。

❸日常目にする語句や英文，絵本などから，慣れ親しんだ語句や表現を見つけて読む活動

授業で慣れ親しんだ語句や表現については，興味を持って見たり，読んでみたくなる衝動に駆られるものである。つまり，分かる楽しみ，知っている自信がそうさせるのである。したがって，読みたいと思わせるような教材，例えば，掲示物やパンフレット，絵本や漫画などを子どもに提示することである。そして，分かった喜びが成就感や達成感となって，もっと読みたいと思わせるのである。

Eric Carle（エリック・カール）の Brown Bear, Brown Bear, What Do You See? は色や動物名が主体で，5年生程度でも読める絵本である。また，The Very Hungry Caterpillar（はらぺこあおむし）は，子どもの頃から読み聞かせで耳にしてきた絵本なので，中味を思い出しながら読むことができる。これらのような絵本を教材として使用することである。

「書くこと」の導入

「書くこと」の導入に当たっては，以下の順に指導していくことが大切である。

❶文字を書き写す

導入の第一段階では，アルファベットの活字体の大文字，小文字を書く活動から始める。この場合，「ドリル学習」のように繰り返し何度も書いて覚えるという作業では学習意欲も低下し，書くことが嫌いになることも考えられる。そこで，ゲーム性を持った活動にしたり，ペアやグループで書く活動に取り組ませたりすることである。例えば，教室内にある掲示物や持ち物の中で，アルファベットの文字で記載されているものを数多く探し出して，ノートに書き写すゲームを行う。これは書くことが得意な子どもと苦手な子どもの差以上に，俊敏に文字を探し出せるかが問われるゲームで，楽しく誰でも競い合えるゲームである。

❷慣れ親しんだ語句や表現を書き写す活動

次の段階は，音声で慣れ親しんだ表現を書き写す活動である。もちろん，この場合にもゲーム性を持たせて活動させることは大切であるが，特に，子ども達の書き写したものに注視したい。例えば，I like baseball very much. を書き写させようとする。もちろん，I like baseball very much. と書き写すことができれば問題はないが，中には，Ilikebaseballverymuch. と書く子どもがいる。つまり，語と語の区切りがなく，全ての語をつないで書いているのである。意外にこのように表記する子どもは多い。これは，文字を記号として捉えており，単語一つ一つが意味あるものと認識していないのである。このような子どもは，中学校での指導は大変難しいものとなる。是非，この時期にこのような表記を目にしたら，その子どもに，日本語とは異なり，英語は意味ある語が一語一語分かれて表記されていることを，知識として定着するように何度も伝えることである。

❸書き写しから，語句や表現を選び，自分の伝えたいことを書く

最後の段階として，提示された語句や表現の中から，自分の伝えたい内容になるように，語句や表現を選び，書いていく活動である。この段階は細かく3つに分けることができる。

a．提示された語句や表現をそのまま用いて，自分の伝えたいことに近い内容として書く。
b．提示された語句や表現を見ながら，自分の考えや気持ちを表現するために，表現の一部を入れ替えたり，別の語を使ったりして書く。
c．提示された語句や表現とは別に，知っている語句や表現を使って，テーマに沿って，自由に自分の考えや気持ちを書く。

どのレベルで書かせるかを考えながら，子ども達の書きたい気持ちを最優先して，積極的に書かせたいものである。この場合，あまり語彙や表現の制限はせず，辞書など（簡単な英和・和英辞典をクラスで購入）を活用しながら，書きたいことを書かせる姿勢で臨むことである。状況によっては，間違いを修正したり，読み方を指導したりして，質を上げることで，「書くこと」を，より知的な活動へと変化させることができる。

場面別指導法　歌の指導

　歌を授業に使用する場合，目的を明確にして利用することが大切である。むやみに利用しても，効果よりも英語に対する抵抗感を増すことになる場合もある。ある学校では，教師の趣味でビートルズやカーペンターズを利用して，多くの子ども達が口パクで真剣に歌わず，授業の雰囲気を台無しにしていた。では，どのような目的で歌を利用するのか列挙する。

- 英語への抵抗感を下げるため，また，英語の授業を始めるに当たって，雰囲気をほぐし，子ども達に自ら学ぼうとする姿勢を作り出す。
- 子どもの知っている歌を使用し，興味・関心を引き出し，積極的に学習に取り組ませる。
- 繰り返し歌うことで，英語独特のリズムやイントネーション，発音に慣れ親しませる。
- 英語の語彙や表現に慣れさせる。
- 授業を活性化するために，歌で集中力を高めさせる。
- 異なる文化に接する。

　以上などが考えられる。もちろん，学年や学習年数により，様々な目的や役割で使うことになる。しかし，時には，人権上の問題がある歌詞や，表現が子どもにとって難しすぎる場合などがあるので，使用する前には十分に考える必要がある。

　次に，どのような歌を利用するのか，どのように利用するのかについて詳しく見ていく。

どのような歌を利用するのか

　英語導入期は，歌詞が簡単で，繰り返しが多く，スピードもゆっくりであるものを利用することである。また，単に歌うだけではなく，身振り手振り（ジェスチャー）など，体を動かしながら歌わせると，興味・関心も高くなり，集中力も増すことになる。

　導入期は歌詞カードを配らず，歌を聞きながら真似て歌うようにする。また，歌詞カードを配る場合でも，歌詞には絶対に読み方（ルビ）を付けないように指示し，何度も聞きながら歌詞を真似るように伝えることが大切である。

　高学年のように知的レベルも上がる学年では，ジェスチャーに変えて，歌詞を変えて歌わせたり，替え歌で歌わせるなど知的な活動に仕組むと興味・関心を引き出すことができる。

どのように使うか

　歌詞には既習の語句や表現ばかりが使われているとは限らない。多くの場合，未習の語句や表現で成り立っている。このような場合でも，歌詞を日本語に訳したり，発音練習をしたりして歌わせることなどは愚の骨頂である。歌は授業における料理の前菜のようなものである。何度も歌って，自然な発音やイントネーション，リズムに慣れ親しんだり，表現に慣れたりできたらラッキーと思うことである。主菜，主食はそれ以降の活動なのである。また，通常，市販の歌のCDは高価なので購入はせず，教師が電子ピアノを弾きながら歌わせたり，YouTubeを活用したりすることで十分対応できる。

具体的な歌の活用

❶ Head, Shoulders, Knees and Toes
　この曲は，はじめは顔や体の部分を説明せずに行わせると，バラバラになり盛り上がる。楽しく動作をしながら歌うことで，自然に体の様々な部分の名称を覚えることができる。

❷ Good Morning / Hello Song
　2曲とも英語導入期から動作を付けて歌わせたい曲である。動作も歌詞も簡単なことから，すぐに体得できる。

❸ See You
　授業の終わりに，動作をさせながら歌わせる。英語における手遊びの一つで，文字の導入にもなる曲である。

❹ How Are You My Friend?
　月曜日の1時間目の授業や子ども達が元気のないときに使うと，生き生きとして，元気に授業に参加するカンフル剤的歌である。

❺ London Bridge
　幼稚園で日本語で歌ってきた曲である。英語の歌詞は難しいが，ゲームとしては楽しく，口ずさみながら行うことができる。

❻ Seven Steps
　数字1〜7に慣れ親しませる歌である。「英語ノート」作成時に私が Ten Steps を作り，1〜10に慣れ親しませるようにしたが，このように教えたい数字に置き換えることができる。

❼ Eency Weency Spider
　英語圏の幼稚園などでは手遊び歌として歌うものである。歌詞は若干難しいが，蜘蛛の動きが面白く，楽しく歌える曲である。

❽ Twelve Months
　12カ月の言い方に慣れさせるために利用する曲で，それぞれの月をイメージして，曲に合わせて動作をさせることで，知的な活用にもなる。

❾ Sunday, Monday, Tuesday
　曜日の言い方に慣れさせるために歌わせる曲である。また，歌わせるだけではなく，曜日の頭文字を体で表現させることで，知的な活動となる。

❿ When I Grow Up
　将来なりたい職業についての歌で，歌詞も簡単で繰り返す表現が多く，自然と覚えることができる。一人一人に自分の夢を歌わせることで，表現にも慣れ親しませることができる。

⓫ Do Re Mi
　ドレミの歌は，日本語と英語とでは全く異なり，日本語でドはドーナッツ，英語ではお母さん鹿の deer であることなど，言葉の面白さに気付かせることもできる。

場面別指導法 チャンツの指導

　チャンツは1960年代に，アメリカの英語教師でジャズ演奏者，後にニューヨーク大学の教授になるキャロリン・グレアム（Carolyn Graham）が著書 Jazz Chants for kids の中で，会話によく使われるフレーズをジャズのリズムに合わせて学習することを考えついた。現在では，リズムに合わせて英語を学ぶ学習法として，広く世界で使われている。日本でも，特に英語学習の導入期や幼い子どもへの音声指導の一つとして使用されるようになった。リズムに合わせて，英語のイントネーションや強勢，リズムを自然に学習させる指導法となっている。英語を平坦に読んだり，機械的に読んだりさせるのではなく，リズムに合わせて発音したり読んだりすることで，楽しく英語を学ぶことができ，リズムと発音を自然に身に付けることができる指導法である。

　注意したい点は，無理矢理，語句や表現をリズムに合わせようとすると不自然なリズムやイントネーションになり，英語とは程遠いものになる危険性がある。リズムが先にあるのではなく，効果的な音声指導として，語彙や表現にチャンツを合わせていくことが大切である。

　チャンツを行うときには，リズムを奏でるものが必要になる。以下のようなものを利用する。

チャンツに使用する機材

❶ビートボックス，リズムボックス，リズムマシーン

　リズムを奏でる電子リズム楽器のことで，販売会社により様々な名称で呼ばれている。安価なものから高価なものまであり，リズムの種類も様々なので，用途に合わせて選ぶ必要がある。リズムの速度を調整できるものが便利である。

❷電子ピアノ

　電子ピアノには，様々なリズム機能が搭載されており，指導する語彙や表現に合わせて利用することができる。

❸メトロノーム

　音楽室にあるメトロノームを使う。錘の位置を移動することで，リズムの速度が調整でき，便利である。

❹カスタネット

　子ども達にカスタネットを持たせて，そのリズムに合わせてチャンツを行うことで，盛り上がる。

❺タンバリン

　カスタネットと同様，何人かの子ども達に持たせ，そのリズムに合わせてチャンツをさせてみる。リズムと表現が合わずに，苦笑が漏れることもあるが，楽しくできる。

❻手拍子

　最も単純で簡単な方法である。チャンツに慣れてきた子ども達には手拍子のリズムでも十分

可能である。

チャンツの例

基本的なチャンツの例を示す。単元で取り扱う語彙や表現をリズムに合うように作ってみる。徐々に慣れてきたら，下線部を変えてみる。

❶挨拶

A：Hello. Hello. My name is Ken.

B：Hi. Hi. My name is Mai. Nice to meet you.

A：Nice to meet you, too.

❷インタビュー・チャンツ①：Do you like～?

A：Do you like apples?

B：Yes, I do.

A：Do you like milk?

B：Yes, I do.

A：Do you like bananas?

B：No, I don't.

❸インタビュー・チャンツ②：Do you have～?

A：Green cap. Green cap. Do you have a green cap?

B：No. No. No, I don't. I don't have a green cap. I have a blue cap. I have a red cap. I have a yellow cap.

A：Orange pants. Orange pants. Do you have orange pants?

B：No. No. No, I don't. I don't have orange pants. I have blue pants. I have red pants. I have yellow pants.

❹インタビュー・チャンツ③：What do you want?

A：What do you want? What do you want? What do you want?

B：Lemon. Lemon. A yellow lemon, please. Cabbage. Cabbage. A green Cabbage, please.

❺インタビュー・チャンツ④：What's this?

A：What's this? What's this?

B：It's a book. It's a book. It's a book.

A：What's this? What's this?

B：It's a pen. It's a pen. It's a pen.

A：What's this? What's this?

B：It's a cup. It's a cup. It's a cup.

A：What's this? What's this?

B：It's a pencil case!

場面別指導法 Small Talk の作り方

　スモールトーク（Small Talk）とは，子どもが聞く教師の短くまとまった話や，ペアで自分の考えや気持ちを伝え合ったりすることであるが，ここでは，授業の導入時などに，教師が子ども達に対し行う短い話について説明する。内容的には授業内容に関することや，授業で取り扱う語句や表現などを使い，授業のイメージを持たせることを目的としている。ティーチャーズ・トーク（Teacher's talk）や，中学校で行われているオーラル・イントロダクション（Oral introduction）とほぼ同じ扱いである。

スモールトークの注意点

❶語句や表現

　スモールトークで注意すべき点は，子ども達が話を聞いて，ある程度内容が分かることである。子ども達が理解できないスモールトークでは意味がない。語句や表現については，既習のものに加えて，新出語彙や表現を加えて作ることがポイントである。特に，本時のターゲットとなる表現については，できるだけ話の中に組み込む。

　内容については，授業で取り扱う場面や内容に関することとし，できるだけ子ども達の生活に関連することを取り上げることである。例えば，買い物の場面を取り扱うのであれば，土日に行った店や，購入したものなどを話す。レストランの場面であれば，最近食べに行った店の話などを盛り込む。ただ，全ての授業内容と合致させることは困難なため，その場合には，授業で使用する語句や表現を使って，話をまとめることである。

　ただし，やってはいけないことは，本時の内容や表現に合わせるために，事実とは異なる内容を捏造して話をすることである。

❷文量

　語句や文の量は，子どもの状況を踏まえて，中学年は2～3文から始めてよい。学習状況により，徐々に文の数を増やしていき，6年生の終了時には，例えば10文程度の話を聞けるようにしてもよい。

❸訂正

　スモールトークでは，子ども達に正しい英語を聞かせるのは大切なことではあるが，人は誰でも間違いをするものである。そこで，スモールトークの原稿を準備した段階で，ネイティブ・スピーカーや英語の得意な教師に確認してもらうことである。このことが，自分自身の英語力向上にもプラスに働く。

❹質問

　スモールトークで子ども達に英語を聞かせたとしても，聞かせっぱなしではもったいない。そこで，スモールトークの後に，聞き取れていたかを確認するために，内容についての質問を投げかけてみることである。

❺スモールトークの回数

毎時間，スモールトークをすることもできるが，授業内容と合致したことがあった場合のみ行ったり，隔週で行ったり，子どもの状況に合わせて行うことが重要である。また，子ども達がスモールトークを一生懸命に聞く体勢になっているかで回数を調節しながら，聞く習慣付けを行っていくことである。

スモールトークの例

単元のテーマごとにスモールトークの例を示す。

❶自己紹介

Hello. My name is Kamei Takahiro. Nice to meet you. I like chocolate very much. Do you like chocolate? Thank you. （質問：What do I like?）

❷好きな場所

Hi. My favorite place is the library. We have many books there.
I like reading books. I like Japanese novels, *shosetsu* in Japanese.
I like Natsume Soseki. Do you know Natsume Soseki?
He wrote 'I am a cat,' *wagahaiwa nekodearu* in Japanese.
Thank you. （質問：What did Natsume Soseki write?）

❸一日の日課

I usually get up at 6:30. I have breakfast at 7:00 and I leave home at 7:30.
I say, "Good morning" in my class at 8:30.
I go home at 7:00 and I have dinner with my family at 7:30.
I take a bath and I go to bed at 11:00. Good night.
（質問：What time do I go to bed?）

❹憧れの人

（福山雅治の写真を見せながら）
This is my hero. He is Fukuyama Masaharu. He is a famous musician.
He is handsome. He is a good singer and guitarist.
My favorite song is 'Sakurazaka.' Do you know 'Sakurazaka'?
Who is your hero? Thank you. （質問：What is my favorite song?）

❺夏休みの思い出

I went to Miyako island. Miyako island is in Okinawa. It was very hot there. The sea was blue. I was scuba diving. There were many kinds of colorful fish in the sea. I saw many 'Nemo.' Do you know 'Nemo'? They were very cute. Next summer, I want to go to Ishigaki islanad. How was your summer vacation? Thank you. （質問：Where did I go in this summer vacation?）

場面別指導法　ペア・グループ活動の取り入れ方

　ペア活動やグループ活動は，主体的・対話的で深い学び（アクティブ・ラーニング）を取り入れた指導には欠かせない手法であり，特に，コミュニケーション能力を向上させる外国語教育においては，なくてはならない活動の一つである。当然，ペア活動は2人で行う活動であり，グループ活動は3人以上の子ども達で行う活動であるが，それぞれの指導内容や方法は異なってくる。そこで，それぞれの効果を考慮しながら，活動を取り入れていく必要がある。

　また，配慮を要する子ども達をどのように支援していくのかも考えながら，活動を組む必要がある。そこで，2つの活動について見ていく。

ペア活動

　私の初めての単著である『オーラルコミュニケーション　生き生き授業』（三友社出版：1994年）は，ペア・ワークの考え方について次のように述べている。「私はコミュニケーションの基本はペア・ワークにあると思っている。1時間内にどれだけ多くの人と会話し，どれだけ多くの人の会話を聞き，発音，イントネーションに注意し，発音における自己治癒力，自己矯正力を引き出すか。また，どれだけ多くの人のリズムを体得し，自分自身のリズムを引き出すか。これらを可能にするのがペア・ワークなのである」とある。この考え方は，25年経った今でも，同じである。これを書いた時期は，まさに，高校に聞く話すを中心とした「オーラルコミュニケーション」の科目が導入されようとする頃であった。高校も小学校も考え方は同じである。では，ペア活動をどのように考えればよいのか。

❶ペアの組み方

　ペアの組み方はいろいろ考えられる。いつも同じペアでの活動では飽きるものである。そこで，図で示すペアを組ませ，活性化を図りたい。

a．ペアの基本形(1)

○－●　横隣の座席の子どもとペアを組ませる。これが最も基本的な形である。ロールプレイであれば，はじめは○がA役，●がB役と役割を決めて練習をさせる。次に，役割を交換して同様の練習をさせる。

b．ペアの基本形(2)

○｜●　前後の座席の子どもとペアを組ませる。横同士の場合と同様に，前の座席がA役，後の座席がB役と決めて練習をさせる。その後に，役割を交換させて，同じように練習をさせる。

c．ペアの基本形(3)

○●
×
○●　斜め前後の子どもとペアを組ませる。このペアでは，隣のペアの会話が聞こえて，ペアの相手の声がかき消されてしまい，大きな声で話さないと会話が成り立たない状況になる。子ども達が元気のないときや意欲が湧いていないときに使う形である。

d．ペアの応用形

新しい相手とペアを組ませるときには，座席縦列全体を横移動させて，異なった相手と練習をさせたり，1つの縦列内で，先頭の子どもを最後尾に移動させることで，新しいペアをつくり出したりすることも可能である。

❷ペア活動の注意点

ペア活動を効果的に行わせるためには，座席移動を瞬時に行わせることである。ダラダラと移動させていては緊張感を損ない，効果の上がらない活動になる可能性がある。

また，ペアで行う活動には，子どもの状況にもよるが，挨拶，スキットの練習，ロールプレー，インタビュー活動，6年生では読み聞かせなども可能である。

❸配慮を要する子どもの支援

一方が配慮の必要な子どもであったり，学力的に課題のある子どもであったりした場合には，もう一方の相手に「教えてあげて」とお願いする。この方法を取ると，教える側の子どもは，発音や表現を的確に伝えようと意識するため，英語運用面が上達するものである。

グループ活動

グループ活動はどのように行うべきか見ていく。

❶グループの人数

通常，グループの場合は3人以上であるが，コミュニケーション活動を活発に行わせるためには，せいぜい5人までが限度である。それ以上になると，発話回数が減ったり，役割も複雑になったりして，うまく機能しなかったり，意欲を削いだりするものである。また，グループのメンバーもペア同様，飽きが来ない程度に変えていく必要がある。

❷グループ活動で注意したい点

グループ活動では，メンバーで話し合ったり，作品を作り上げたり，発表したりと，多くの人数でなければできない活動を組む。しかし，この場合，リーダーシップのある子どもや学力の高い子が1人で決めて，1人で発表したりする場合があり，静かにしている子や学力に課題のある子どもは放置させてしまう危険性がある。そこで，全員の子どもが活動に参加できるように，教師側から役割を提示し，必ず1つの役割を持ちながら全員参加体制を構築する必要がある。しかもその役割は，活動ごとにローテーションをするように習慣付けておくことである。例えば，4人で町の紹介をする場合には，まず話し合いの中では，司会，メモを取る役，情報を収集する役（タブレット，辞書，パンフレット等），まとめ役などに分ける。英文やイラストなどを作成する段階では，英文担当（2名），イラスト担当（2名）とし，発表では，全員が2文ずつ話すなどと決める。

また，グループによっては，発表内容がなかなかまとまらなかったり，ダラダラする場合もあったりすることから，時間に制限を設けて集中的に取り組ませることも大切である。そして，うまく役割を果たせない子どもには，みんなで助け合う雰囲気もつくり出させていきたい。

場面別指導法 音声の指導

　音声の指導においては，短い期間に正しい音声で発音させたり，音声を正しく聞き取らせたりすることを求めるべきではない。日本語にない音や聞き慣れない音を耳にすることは，子どもにとっても未知の世界のことであり，興味や関心を持たせることは困難である。そこで，何度も楽しく音に触れさせ，音に慣れさせることが重要である。

　また，英語圏で使われている英語だけが正しく，それ以外は正しい英語ではないなどという間違った風潮があるが，英語は World Englishes とも呼ばれるように，日本も含め，世界には地域独特の英語が存在することを理解させたい。また，教師の発音に少々難があったとしても，子ども達の前で堂々と発音する姿を見せて，子ども達にも，恥ずかしがらずにトライしたいと思わせる環境をつくり出し，英語の壁を少しでも低くすることである。では，音声をどのように指導すると効果的なのか見ていく。

音声指導の在り方

　英語の音には，日本語にない音がたくさんあり，日本語との違いに気付かせることが大切である。その場合には，知識として理解させるのではなく，実際に発音させながら体験させることが重要である。この体験の中でも最も有効な方法は子ども達に音声を真似させて発音させることである。「聞こえた通りに発音してごらんなさい」などと指示を出しながら，繰り返させてみる。これは，私が実際にある小学校で行った実証研究からも明かである。ネイティブ・スピーカーの発音を聞き，同じように発音させる実験を行った際，多くの子ども達はネイティブ・スピーカーの音声をよく聞き，真似て発音することができていた。

　また，英語特有の音である th，v，r などの音については，舌や口蓋の図を示しながら真似させてみると，子ども達も楽しみながら発音するようになる。

音声練習を楽しませる

　音声学習や音声練習はつまらないと思われがちであるが，それは方法が悪いだけの話である。例えば，中学年で音声に慣れ親しんできた子ども達に，高学年で以下のゲームをしてみる。

【聞き取りクイズ】

　聞こえた方に○をしなさい。

　1．mouse（ネズミ）　　　mouth（口）
　2．berry（小さな実）　　very（大変）
　3．rice（ごはん）　　　　lice（シラミ）

　何度か発音練習をした後に，担任やネイティブ・スピーカーがどちらか一方を発音し，子どもが聞こえた方に○をするクイズである。その後，子ども達にペアでクイズ合戦をさせてみると必ず盛り上がる。

注意したい発音

　日本語にない音については，何度も音を聞き，何度も発音練習をして身に付けていくことが必要である。特に，以下に挙げた音については，使い慣れるまで，常に意識しながら発音していくことが必要である。

❶母音の発音

[æ]　apple, angry, astronaut, and, cat, panda, hamster, candy, basketball, Canada
　　（日本語の「ア」と「エ」の間の音）

[ʌ]　summer, Monday, uncle, umbrella, onion, sun, color, gloves, study, hundred
　　（日本語で驚いたときに思わず出る短い音の「アッ」に近い音）

[a]　hot, socks, pot, got, rock, coffee, doll, volleyball, dodgeball
　　（口を大きく開いて，口の奥で「ア」と発音する）

[e]　egg, head, bed, red, neck, pen, hen, jet, lettuce, lemon
　　（日本語の「エ」に近い音で，少し口を横に開いて発音する）

[u]　book, good, put, foot, cook, hook, look, wood, could, should
　　（口の奥から短く「ウッ」と発音する）

[u:]　room, school, soon, noon, pool, food, cucumber, kangaroo, June, Tuesday
　　（口の奥から「ウー」と長く伸ばす音）

[ɔ:]　all, tall, August, dog, ball, fall, wall, small, sauce, draw
　　（口の奥から「オー」と長く伸ばす音）

[ou]　boat, notebook, old, gold, shoulder, snow, coat, toe, nose, October
　　（「オウ」という音。ただし，「オ」を強く，「ウ」を弱く発音する）

❷子音の発音

[r]　rabbit, four, rainy, ruler, restaurant, ready, radio, frog, drink, library
　　（歯ぐきに舌がつかないようにして，舌の先を上にそり返し，その間から声を出す）

[v]　video, five, van, violin, vegetable, silver, seven, eleven, twelve, November
　　（上の前歯で，下唇を軽く押さえて発音する）

[ʃ]　shoe, fish, she, show, shop, sugar, wash, cash, crash, English
　　（日本語で静かにしてほしいときに言う「シー」を短く言う音）

[si]　see, sea, sick, simple, sing, sister, sit, six, sixteen
　　（日本語の「シ」ではなく，「スィ」に近い音）

[θ]　three, math, thin, thank, thirsty, bath, both, fifth, ninth, twelfth
　　（舌の先を上の前歯の歯先に触れさせ，その間から息を出して「ス」に近い音を出す）

[ð]　this, mother, that, there, these, those, them, brother, father
　　（舌の先を上の前歯の歯先に触れさせ，その間から息を出して「ズ」に近い音を出す）

13

場面別指導法 ICT教材の活用法と視聴覚教材の利用法

　これからの「外国語活動」及び「外国語」を担当する教師に求められる能力は，英語指導力と英語運用能力であるが，今後，世の中の流れと同様に教育の分野においてもますますIT化が進むことが考えられ，特に英語教育においてはIT抜きには考えられない授業形態になると思われる。そして，今後はIT活用能力が，英語指導力の一翼を担うことになると考えられる。そこで，これからどのようなことが考えられるか見ていく。

様々なIT機器

　ひとえにITと言っても，様々なものや利用方法が考えられる。ここでは，ITの中でも，今後の授業で特に利用頻度が多くなると考えられるものについて，利便性や場面について考える。いつ，どこで，どのように使うかによって効果が様々である。

❶電子黒板

　既に多くの小学校で導入が図られており，コンピュータと接続して，テキストや教科書付属のソフトを活用して，画像とともに音声指導をしたり，問題などを解いたりしている。英語の発音等に苦手意識を持っている教師にとっては利便性が高い。電子黒板は全体学習として活用する場合が多く，各授業開始時に，歌やチャンツ，新出語彙や表現の導入に用いたりする。機器自体の重量が重く，移動が難しい。今後は各教室に設置されることが望まれ，軽量化も図られることになる。

❷タブレットPC

　これからの英語教育にとっては，授業に欠かせないアイテムの一つになると思われる。テキストや教科書にはQRコードが付き，このQRコードをタブレットPCで読み，音声指導が行われるようになる。電子黒板とは異なり，子どもが各自で語彙や表現の音声練習やリスニングの問題に取り組むことができ，個別学習として用いることで，特に音声面を向上させるために効果が高い。これは，私がかつて行った実証研究（タブレットPCを活用したクラスと活用しなかったクラスとを比較した結果，前者が発音等において格段と向上が見られた）で明らかになっている。また，動画（AR）を見ながら，やり取りや発表の練習も行える。タブレットPCを使用する場合には，クラスの人数分が必要になり，各自治体によっては，予算が乏しく，購入が難しい場合も考えられる。しかも，Wi-Fiのルーターや充電器なども必要になり，タブレットPC購入以外にも費用がかさみ，地域間格差を生むことになる。

　一方，今後は家庭学習の形態も大きく変わることが予想される。自宅でスマートフォンからQRコードを読み取り，英語のモデル・リーディングを聞いて，読み方の練習をさせることができる。これはまさに，国語の音読練習と同じことが行われることになる。

❸人型ロボット

　全国には，財政難からネイティブ・スピーカーを雇用できない自治体も多くある。そこで，

ALTにかかる費用と比較して安価で利用できる人型ロボットを購入する自治体が今後増え続けることが考えられる。人型ロボットは費用が一律で，しかも，従順。遅刻することもなければ，教師が気を遣ったり遠慮したりする必要もない。一方，ネイティブ・スピーカーは高額な費用を投入しても，途中で辞めたり，担任と息が合わなかったりする場合もあり，雲泥の差である。人型ロボットは種類も費用も機能も様々ではあるが，今後，AI導入により，ますます「外国語活動」「外国語」には欠かせない存在？になると思われ，人型ロボットとの協働授業の在り方が問われる時代が近づく。指導内容としては，音声指導，教師や子どもとのやり取り，発表のモデルや評価もできるものである。

IT活用術

ITを授業全てにおいて，使用すれば効果が上がるというものでもない。いかに効率良く活用するかである。そこで，以下の点に注意を払いたい。

❶子どもが飽きていないか

IT機器ばかりに頼ることは危険である。常に，教師の指導の中で，利点や効率を考えて，指導のサポートとして使用する。これは，ALTと同じことで，授業の支援者，助手と考えるべきである。長い時間使用したり，多くの機能を利用したりすると，子ども達は飽きてしまい，効果が期待できないことも考えられる。

❷不具合や暴走を未然に防ぐ

機械であることから，故障はつきものである。授業の前には，必ず動作確認をしておきたい。授業途中で不具合が起こって授業が中断したり，予定の授業内容ができなかったりするのでは逆効果である。

❸可能性を追求する

IT機器の可能性は無限である。教師が子ども達に何をどのように教えたいのかなど教師の希望にIT機器は答えてくれる。まずは，機器に対する慣れやチャレンジを行い，ソフトを組んだり，様々な機能を利用したりすることで，未来の授業を大きく変えることができる。まさに，子どもに限らず，これからは，教師もプログラミングの能力が求められる時代になるのである。

これからの視聴覚教材

今後の視聴覚教材（ソフト）はIT機器とともに利用することになる。CDやDVDなどの単体は使用されない時代が近づいており，音声や映像をどのようにIT機器を使って効果的に指導に組み込んでいくかも指導力の一つとなる。

市販の視聴覚教材は高価であり，授業の目的に合わないものも多いことから，見極める目も必要になる。真に必要な場合のみ購入して利用することが大切である。

また，現代の子どもは高質な画像や音声に慣れてきているので，使用する教材の質にもこだわりたいものである。

14

場面別指導法 **特別な支援が必要な子どもへの指導法**

　平成29年告示の小学校学習指導要領には，指導計画の作成と内容の取扱いの項に，「障害のある児童などについては，学習活動を行う場合に生じる困難さに応じた指導内容や指導方法の工夫を計画的，組織的に行うこと」とある。このことについては，平成20年告知の学習指導要領に「外国語活動」を導入する際，私が障がいのある子ども達にも英語に触れさせたいとの思いから導入を計画し，文部科学省特別支援教育課と調整したことがある。しかし，時期尚早との理由で導入をあきらめた経緯がある。当時は，これから始まる「外国語活動」が海のものとも山のものとも分からず，全国的に不安を抱える中で，障がいのある子ども達を指導する教師にはさらに負担をかけることは困難であるとの考えから実現には至らなかった。当時，私は焦燥感に駆られたが，今回，このように導入が図られたことには喜びを隠せない。

　そもそも，なぜ，特別支援が必要な子どもへ「外国語活動」「外国語」なのだろうか。私の数十年の経験から，小学校で学ぶ英語は中学校や高校のような知識の定着を図ることを第一義とはしていない。英語に慣れ親しむことや，日本語と異なるリズムやイントネーションを指導の重要ポイントとしている。そこから，全国的に障がいを抱える子ども達の可能性を広げていることを何度も見聞きしている。では，どのような点に注意して，特別な支援が必要な子ども達を指導していけばよいのであろうか。

特別な指導の必要な子どもを指導する場合の注意点

❶全ての子どもが学べる機会を

　「外国語活動」及び「外国語」の授業では，通常の現学級と特別支援の学級とを分けるべきではないと考えている。子どもの障がいの程度や内容にもよるが，国語や算数のように知識や技能の定着をめざす科目ではないことから，どのような子どもにも，英語の持つリズムやイントネーションを体験させて，コミュニケーションを取る楽しさを体験させたいものである。かつて，ある子どものお母さんから，日本語の言葉を発することが難しかった子どもが，「外国語活動」の歌やチャンツを通して英語を片言話すことができたと，涙ながらに話されるのを聞いたことがある。「外国語活動」や「外国語」はコミュニケーションを図ることを第一義としているので，どうしても多くの子どもと交流することが大切である。その意味でも，通常の現学級にそのような子どもも一緒に入り，様々な体験をさせて，子どもの可能性を追求したいものである。

❷障がいの程度を見極める

　子どもによって障がいの内容や程度が異なることから，その程度を見極める必要がある。「外国語活動」では，「聞くこと」と「話すこと」の2技能を，「外国語」では，「聞くこと」「話すこと」に加えて，「読むこと」「書くこと」の2技能の指導も求められる。障がいの程度により，「聞くこと」を「読むこと」「話すこと」の指導に変えたり，「読むこと」「書くこと」

を「聞くこと」「話すこと」に変えたりすることもできる。今後,「書くこと」の中でも,文字指導に困難を感じる子どもが多く出てくることが予想され,特別な指導が求められる。

❸読み書き障がいの子どもへの対応

一見障がいのない子どもが,実は「書くこと」や「読むこと」についての障がいを持っていることが分かる場合がある。それは,読み書き障がいのディスレクシア（dyslexia）である。大辞林には「学習障害の一種で,知的能力に異常がないにもかかわらず,読み書きに非常な困難を伴う障害。文字を読むことができない。文字がゆがんで見える,文字のかたちが記憶できないなどの症状がある」とある。特に英語圏には多く,聞いたり話したりすることはできても,書くことができなかったり,読めなかったりすることがある。アメリカでは約15％の人がディスレクシアであるとも言われている。俳優のトム・クルーズが有名で,アメリカでは,ディスレクシアのための特別な大学入試があるほどである。アルファベットを書かせたり読ませたりする中で,初めてディスレクシアではないかと気付くことがある。例えば,dとb,pとqの区別がつかない場合や,book を dook などと正しく書き写せないなど,高学年で特に顕著になってくることが考えられる。私の知っている教師から話を聞いたことがある。「高校入試で,国語,数学,理科,社会は高得点だったのに,英語だけは数点で,合計点が高かったので合格しましたが,英語の授業では現学級で学習させず,1年間アルファベットを学ばせました。しかし,1年経っても正しく書けるようにはなりませんでした」と。すぐにその教師に対し,「ディスレクシアかもしれないので,適切な診断を仰ぎ,もしディスレクシアであれば,読み書きよりも聞く話すに特化した指導を心がけるようにした方がよい」と伝えたことがある。

このように,教師側に知識のないまま,子ども達に書かせたり読ませたりすることは,負担が大きく,注意しなければならないことである。急がず,ゆっくりと子ども達の状況を把握することが大切である。

また,音声を聞き取ることが難しい場合には,教師の口元を見て真似るようにさせたり,リズムを一緒に取ってあげたり,黒板に音の強弱が分かるように,文字の上に大きな丸や小さな丸で強さを表したりすることである。

また,文字を書くことに困難さを感じる子どもには,文字カードを使って,モデルの綴りを見ながら,文字を並べて完成させたりすることもできる。

❹注意を要する子ども

「外国語」で書く指導を行う場合,例えば,I like apples. を書き写させた場合,Ilikeapples. と書く子どもがいる。この子どもには,文字や綴りが記号として映っているだけで,意味のあるものとは思っていない。このような子どもを見つけた場合には,日本語と同じように,意味あるもので,分かち書きするのが英語の特徴であることを何度も繰り返し伝えていくことが必要である。

場面別指導法 ユニバーサルデザイン

　ユニバーサルデザインは，元々は，アメリカのノースカロライナ州立大学のロナルド・メイス氏によって提唱された考え方である。「できるだけ多くの人が利用可能であるようなデザインにすること」として，7つの原則がカリフォルニアのユニバーサルデザインセンターで決められている。その原則は以下の通りである。

ユニバーサルデザインの考え方
　1．どのような人でも公平に使えること（Equitable use）
　2．使う上での柔軟性があること（Flexibility in use）
　3．使い方が簡単で自明であること（Simple and intuitive）
　4．必要な情報がすぐに分かること（Perceptible information）
　5．うっかりミスを許容できること（Tolerance for error）
　6．身体への過度な負担を必要としないこと（Low physical effort）
　7．アクセスや利用のために十分な大きさと空間が確保されていること（Size and space for approach and use）

　この考え方を取り入れたものが，授業におけるユニバーサルデザインである。クラスには，発達障がいのある子どもや，様々な障がいを持った子どもがおり，それらの子ども達に対して，授業での困難さを少しでも減らし，心地良い授業環境をつくっていくことが必要である。また，このことは，健常者の子ども達に対しても，共通のことが言える。英語という未知の言語に触れる際，様々な困難さを排除していくのは教師の役目でもある。
　では，先の原則を授業に当てはめて考えると以下のようになる。
　1．どの子どもにも同等に使える教材・教具であること
　2．教材・教具が，様々な活動でどのようにも使用可能であること
　3．誰でもが簡単に使い方が分かるような教材・教具であること
　4．一目で必要な情報が分かること
　5．間違っても責められることなく楽しくできること
　6．言語活動などに過度の負担をかけないこと
　7．教室など活動を行う際には十分な空間があること

　以上のように，クラスの子ども全員が負担感を感じずに，言語活動やコミュニケーション活動に取り組めるような環境づくりが求められる。これらは，「外国語活動」や「外国語」に限ったことではなく，学校での授業も含んだ全ての活動に求められることである。その基礎基本は担任の学級経営にある。いかに子ども達に恵まれた環境をつくり出せるかである。教室の掲示物が剥がれていたり，ゴミが散乱していたりしているようでは，授業以前の問題であり，到底，ユニバーサルデザインまでにはほど遠い。日々の授業を見直すことも重要ではあるが，そ

の前に，教室の内外がユニバーサルデザインの考え方に立っているかどうか，今一度，見直してみたい。

授業でのユニバーサルデザイン

❶学級経営で

クラスでは，（英語を）間違っても笑わない，がんばったことは賞賛するなど，学習する際の雰囲気づくりが必要である。授業中には，授業と関係のない雑音により，集中できない子ども達も多いことから，雑音を出さないように指導をしていく。また，障がいのある子どもへの配慮や支援を行うクラスの体制づくりも欠かせない。

❷「外国語活動」「外国語」の授業で

子どもが発表しているときや，モデルとなって英語を話しているときなど，様々な活動の場面で静かに聞くことをクラスの守り事としたい。そのためには，相手に対してリスペクトすることを習慣付けておくことである。また，相手をリスペクトしながら会話を行い，相手意識を常に持ちながらコミュニケーションを図ることも守り事としたい。したがって，障がいのある子どもに対してもゆっくり話したり，ジェスチャーを加えたりするなどして，相手に伝わるように何度も試みることに抵抗感を感じさせない指導が求められる。教師にとっても，複雑なルールの活動を行ったり，早口で話したりすることのないように心がける必要がある。英語は子どもにとっては抵抗感を感じるものである。しかも，障がいを持つ子どもにとってはなおさらである。常に，子どもの状況を観察しながら，スモールステップで進めることである。

❸表示

黒板の左側隅には，本時の目標と授業の流れを記入する。その際にも，抽象的な言葉や表現を使わないようにする。全ての子どもが分かるようにしたい。また，ピクチャーカードを貼る際にも，綺麗に一列に並べて貼るようにし，ぐちゃぐちゃにならないように気を付ける。また，情報過多にならないように，黒板に貼る教材はその都度貼り，必要がなくなれば剥がすようにし，常に無駄な情報が視覚から入らないようにする。教室の整理整頓と同様，黒板も整理整頓がなされていることが重要である。

また，説明など，言葉だけで理解させようとはせずに，できるだけ目に見えるものにして提示することが必要である。例えば，ビデオであったり，イラストであったり，実際にスキットなどのモデルを見たりすることで，効果が期待できる。

❹活動

コミュニケーション活動や言語活動では，言葉だけでコミュニケーションを図るのではなく，ジェスチャーなど身体を使わせることで理解を深めるようにする。また，活動は1回限りのものとはせず，何度もスパイラルに繰り返し，スモールステップで向上を図りたい。教科書の進度だけを考えて急ぐと，多くの子ども達を取り残していくことになりかねない。何度も繰り返すことで，全ての子ども達に「できた喜び」を体験させることができる。

Chapter 4 [実践編]
小学校外国語活動・外国語の研究授業例

第3・4学年　語彙・表現の慣れ親しみを重視した授業例

　導入期の3年生では，通常，英語に対する興味や関心は高く，語彙や表現に対しても純粋に取り組むものである。単語や表現の単純な繰り返し練習でも，特に考えることもなくオウム返しに発音するものである。これは，英語を知りたい勉強したいという学びへの興味・関心よりも，全く聞いたことも話したこともないもの（言葉）に触れることへのおかしさや面白さ，そして不思議な感覚にとらわれるからであろう。したがって，この時期は教師にとっては指導しやすい時期でもある。よく，担任から「何をやってもウケる」「何が楽しいのか分からない」などの言葉を聞くが，これは子ども達にあまり勉強という意識がないからである。体育でもその傾向があり，子どもによっては，遊びの時間と誤解している向きもある。したがって，この時期に，多くの語彙や表現をインプットすることは可能であるが，それ以上に，英語特有のリズムやイントネーションをしっかり身に付けさせることの方が重要である。文字に興味を示す子どももいるが，そこは無理をせず，まずは，音声を中心とした語彙や表現の指導を行うことである。

　また，4年生では，徐々に知的レベルも上がり，場合によっては英語に対する抵抗感を示す子どもも出てくる。3年生のときとは異なり，「外国語活動」に対して，他の教科同様，勉強との認識が強くなり，様々な活動に対して積極性が薄らいでくることもある。そこで，語彙や表現の練習においては，3年生のときとは指導の在り方を変えていかなければならない。具体的には，単純な繰り返し練習を徐々に減らし，その分様々な活動を取り入れて，慣れ親しませていくことである。その際に注意すべき点は以下の通りである。

インプットとアウトプットのバランスを考える

　導入期の子どもにとって，英語の発音はとても奇妙で，宇宙人の言葉のようにも感じられ，楽しく取り組むものである。そのために，新出語彙や表現はあまり制限せずに，多量にインプットすることも可能である。もちろん，定着を図るのではなく，多量にインプットして，何度も繰り返しながら，徐々に使えるようにするのである。とかく子どもには難しいだろうと考えるのは大人の尺度であり，子ども達の状況から判断して，少々負荷をかけるぐらいがちょうどよいのである。量的には，例えば，インプットで10を入れ，アウトプットで1程度出せれば，成功と見るべきである。したがって，導入期にはインプットの量を多くし，活動では，インプットした語彙や表現を全て活用するのではなく，特に重要と思われる語彙や表現を使うような仕組みを考えることである。

　また，指導2年目に当たる子ども達には，導入期同様インプットの量は変えずとも，アウトプットでは2程度出せるように活動を工夫したいものである。

　常に，子ども達の状況からバランスを考えて，授業の流れをつくっていくことが大切である。

リズムやイントネーションを重視する

　語彙や表現をインプットする場合には，第1ステップとして，教師やALT，または電子黒板等のモデルによる音声を聞かせながら繰り返し練習をさせる。その際，語彙や表現の意味するピクチャーカードを子ども達に示しながら練習をさせる。このピクチャーカードは，導入期には綴りが書かれていないイラストだけのものを使いたい。これは，音声を重視する観点から，他の情報を子ども達の視覚に入れずに集中させるためである。また，例えば，リンゴのピクチャーカードを示しながら，「リンゴは英語で」などと日本語を練習に介在させることは愚の骨頂である。これは，ピクチャーカードからイメージするリンゴと英語の音声のappleとを結び付けてインプットを図っているのに対し，日本語の「りんご」が介在することによって，日本語がないと英語が理解できなかったり，英語をすぐに日本語に訳そうとしたりすることにもつながり，将来的な英語運用能力向上にはつながらない。例えば，I like apples. を日本語に訳さずとも，子ども達が頭でイメージして理解できるようにしなければならない。ひとたび，I like apples. を「私はリンゴが好きです」と日本語で理解すると，頭の中で状況をイメージすることなく，「私はリンゴが好きです」の日本語だけで英語を理解したつもりになり，I like apples.の英語自体は理解できていないという状況が普通に起こりえるのである。したがって，繰り返し練習をはじめとした語彙や表現の練習では，できる限り日本語を使用しないのが鉄則である。

　また，第2ステップとして，繰り返し練習後に，チャンツを行ったり，様々なゲームをしたりすることが大切である。第1ステップ同様，ここでも，とにかく音に慣れさせることが重要である。これらは，子ども達が考えることなく，単に語彙や表現を繰りしているだけなので，別名筋肉トレーニング的な練習に過ぎないが，これらを行わないと，自ら話したり，相手の話を聞いたりすることにはつながらないのである。

考えさせる活動の前に行うこと

　語彙や表現の音にある程度慣れた段階では，次に自分でその音を再生させる活動を組む必要がある。いわゆる，インテイクしながらアウトプットさせる活動である。この場合，子ども達に考えさせる場面や状況が生じるが，できれば，あまり考えさせることなくアウトプットさせるようにすることである。ここまでできれば，以後，考えながら活動できるレベルまで押し上げることができる。具体的には，ペアやグループで行う以下のコミュニケーション活動（ゲーム）がこれに当たる。

　例えば，グループを縦一列に並ばせ，果物の名前5つ（apple, lemon, banana, strawberry, peach）を前から順番に後ろに伝えていくゲームや，前から後ろにWhat fruit do you like? と順次尋ねていくゲームなどである。

　また，担任の音声に合わせて，イラストの描かれたシートやカードを用いて行うポインティングゲームやキーワード・ゲーム，おはじきゲーム，そして，カードを使ったカルタゲームやミッシング・ゲームもこれに当たる。

第3学年 語彙・表現の慣れ親しみを重視した授業例（45分）

[1] **単 元** How many?

[2] **主 題** 数であそぼう

[3] **本時の目標と評価のポイント**（評価を行う）（1／4h）

(1) 1から20までの数の言い方に慣れ親しむ。（知識・技能）

(2) 1から20までの数を積極的に言おうとしている。（態度）

[4] **スモールトーク**（導入：リンゴを見せながら）

　　Hello. I have one apple.（リンゴを1個見せる）I have two apples.（リンゴを2個見せる）I have three apples.（リンゴを3個見せる），（リンゴを2個見せながら）How many apples?

[5] **授業案**（下線部は語彙・表現の慣れ親しみ）

時	子どもの活動	担任の活動	留意（◎評価）
挨拶 (7)	1. 挨拶をする。 　Hello. Mr. (Ms). Kiyama. 　I'm super. How are you? 2. 担任のリンゴの個数についての話を聞き，質問に答える。	○笑顔で，大きな声で挨拶をする。 　Hello, everyone. How are you? 　I'm happy, thank you. ○リンゴの個数についてのスモールトークをする。 ・「リンゴは何個ありますか。」	・ゆっくりはっきり分かりやすいように話す。
導入 (15)	1. めあてを読んで確認する。 　1～20までの数の言い方を知ろう。 2. 担任のモデルを見る。 3. 担任の後について，数字（1～20）を発音する。 4. 担任の後について，20から1までを発音する。	○本時のめあてを確認する。 　1～20までの数の言い方を知ろう。 ○数字（1～20）のピクチャーカードを見せながら，発音する。 ○担任の後について発音させる。 ○反対に20から1までの順に数字を見せ，担任の後について発音させる。	・子どもが言えない場合にはモデルを示す。
展開 (20)	1. 渡されたカード20枚を2人の前に広げる。 2. 担任の読み上げる数字のカードをペアで取り合う。 3. 子どもの読み上げる数字のカードをペアで取り合う。 4. 2つのグループに分かれ，ドンじゃんけんゲームをする。	○1～20まで書かれたカードをペアに1セット渡し，前に広げさせる。 ○1～20の中から数字1つを読み上げ，ペアで競いながら取らせる。 ○子どもを指名して，担任の役割をさせ，数字を読み上げさせる。 ○クラスを2つのグループに分け，机をつなげて1～20までのピクチャーカードを1列に並べる。端から数字に触れながら発音するドンじゃんけんゲームをさせる。	◎積極的に数字を言おうとしている。
振返 挨拶 (3)	1. 振り返りシートを書く。 2. 授業の感想を述べる。 3. 挨拶をする。	○振り返りシートを書かせる。 ○子どもを指名し感想を述べさせる。 ○挨拶をする。	

第4学年　語彙・表現の慣れ親しみを重視した授業例（45分）

1 **単　元**　I like Mondays.
2 **主　題**　好きな曜日は何かな？
3 **本時の目標と評価のポイント**（評価を行う）（2／4h）
(1)曜日の言い方や曜日を尋ねたり答えたりする表現に慣れ親しむ。（知識・技能）
(2)曜日を伝え合おうとする。（態度）
4 **スモールトーク**（導入：曜日を示しながら）

　　Hello. What day is it today?　Monday?（No.）Tuesday?（No.）Wednesday?（Yes.）Yes. Today is Wednesday. Do you like Wednesday? I don't like Wednesday.

5 **授業案**（下線部は語彙・表現の慣れ親しみ）

時	子どもの活動	担任の活動	留意（◎評価）
挨拶 (7)	1．挨拶をする。 　Hello. Mr. (Ms). Kamei. 　I'm super. How are you? 2．曜日について聞き，質問に答える。	○笑顔で，大きな声で挨拶をする。 　Hello, everyone. How are you? 　I'm happy, thank you. ○曜日についてスモールトークをする。 ・「先生は水曜日は好きですか。」	・はっきり分かりやすいように話す。
導入 (20)	1．めあてを読んで確認する。 　曜日の言い方や尋ね方を知ろう。 2．前回歌った 'Sunday, Monday, Tuesday' を歌う。 3．曜日のピクチャーカードを見て，担任の発音を聞きながら，繰り返し発音する。 4．友達のジェスチャーを見て，どの曜日を表しているか答える。 5．担任のモデルを見て，状況を理解する。 6．モデルを参考に，ペアで相手の好きな曜日を探し当てる。（月〜金まで）	○本時のめあてを確認する。 　曜日の言い方や尋ね方を知ろう。 ○前回歌った 'Sunday, Monday, Tuesday' を歌わせる。 ○曜日のピクチャーカードを示しながら発音し，繰り返し発音させる。 ○子どもを指名し，曜日をイメージして，ジェスチャーをさせる。 ○会話のモデルを示す。会話相手は ALT または，子どもとする。 A: Do you like <u>Mondays</u>? B: No, I don't. A: Do you like <u>Tuesdays</u>? B: No, I don't. A: Do you like <u>Wednesdays</u>? B: Yes, I do. ○ペアになり，好きな曜日について，聞き合いをさせる。	・大きな声で発音させる。 ・尋ねる曜日は月曜日から金曜日とする。
展開 (15)	1．クラスで一番好かれている曜日を考えて答える。 2．クラスの友達と好きな曜日について尋ねたり答えたりする。ワークシートには相手の名前と好きな曜日を書き入れる。 ・月曜日から順に尋ねるのではなく，相手によっては，予想した曜日から尋ねるようにする。 3．インタビューから人気の曜日について確認する。 4．指名された子どもは，前でモデルの会話を行い，他の子どもはしっかりと見る。	○クラスで最も好かれている曜日はいつか質問する。 ○ワークシートを配り，多くの子どもに好きな曜日について尋ねさせる。ワークシートには，相手の名前と好きな曜日について書かせる。 ○クラスで最も人気のある曜日について，インタビュー結果から発表する。 ○いくつかのペアを指名し，会話のモデルをさせる。	・予想を立て尋ねさせる。 ◎曜日の言い方や尋ね方に慣れ親しんでいる。
振返 挨拶 (3)	1．振り返りシートを書く。 2．授業の感想を述べる。 3．挨拶をする。	○振り返りシートを書かせる。 ○子どもを指名し感想を述べさせる。 ○挨拶をする。	

2

第3・4学年 子どもに考えさせることを重視した授業例

　言語教育において，語彙や表現を知識として慣れ親しませるために，繰り返しや反復練習は欠かせないものである。しかし，これらは単に第一歩であり，この段階だけでは，語彙や表現を使えるようにはならない。子ども達が持ち得ている語彙や表現を様々な場面で使用してみて，初めて人前でも使えるようになるのである。そのために，担任は子ども達に反復練習のような単純な活動だけではなく，考えながら語彙や表現を使う場面を取り入れた活動を創り出し，提供しなければならない。

　今回の学習指導要領では，「思考力・判断力・表現力等」の育成が強く謳われており，中央教育審議会の答申の中でも，「資質・能力の三つの柱に基づく教育課程の枠組みの整理」の項で，以下のように述べられている。

②「理解していること・できることをどう使うか（未知の状況にも対応できる「思考力・判断力・表現力等」の育成）」

　将来の予測困難な社会の中でも，未来を切り拓いていくために必要な思考力・判断力・表現力等である。思考・判断・表現の過程には，大きく分類して以下の三つがあると考えられる。

- 物事の中から問題を見いだし，その問題を定義し解決の方向性を決定し，解決方法を探して計画を立て，結果を推測しながら実行し，振り返って次の問題発見・解決につなげていく過程
- 精査した情報を基に自分の考えを形成し，文章や発話によって表現したり，目的や場面，状況等に応じて互いの考えを適切に伝え合い，多様な考えを理解したり，集団としての考えを形成したりしていく過程
- 思いや考えを基に構成し，意味や価値を創造していく過程

また，同じく，「外国語」の項の中では，

○（略）既得の知識や経験と，新たに得られた知識を言語活動へつなげ，思考力・判断力・表現力等を高めていったりすることが大切になる。

○言語活動を行う際は，単に繰り返し活動を行うのではなく，児童生徒が言語活動の目的や，使用場面を意識して行うことができるよう，具体的な課題等を設定し，その目標を達成するために，必要な語彙や文法事項などの言語材料を取捨選択して活用できるようにすることが必要である。

以上を具体的に書くと以下のようにまとめられる。

　語彙や表現をインプット（刷り込む）するためには，単純な繰り返し活動は不可欠ではあるが，これだけでは，実際に使えるようにはならない。そこで，様々な活動を通して，子ども達が考えながらそれらを使って，自分の言葉として使える語句や表現にしていくことが大切であ

る。つまり，教師は単純な活動（考えなくてもできる活動）から始め，次に，考える（思考する）活動を子ども達に実践させなければならないということである。これは，先の，「語彙・表現の慣れ親しみを重視した授業例」で述べたような単純な活動から，次の段階として，考えさせる活動へと進めなければならないということである。この場合に注意したい点は以下の通りである。

考えさせる活動を行う前に

　子ども達に考えさせる活動を行う場合には，それ以前に行った語句や表現の単純な繰り返し活動によってどれほどの語句や表現がインプットされているかが問題になってくる。ほとんどインプットされていない段階では，いくら考える活動が重要だからといっても，子ども達は混乱するばかりで，逆効果になることさえある。活動の方法やルールが分からないのと同様に，使うべき単語や表現が分からないのでは活動の意味がない。先にも述べたように，中学年では，単純な繰り返しの時間を多く確保して，しっかりと語句や表現に慣れ親しませておくことである。そして，どの程度インプットされているのか常に判断しながら，活動を組んでいくことが必要である。

子どもの考える状況を常に念頭に置く

　子どもに考えさせる状況を設定した活動を組むことは容易なことではない。特にカリキュラムや授業案を机上で作成する場合には，それが単純な繰り返し活動なのか，思考を含んだ活動なのか判断に困る場合がある。この場合には，子ども達の動きを想像し，実際に口にする表現を自らも口にし，考えながら話していたか，それとも考えることなく口にしていたかを判断しなければならない。この考えている度合いが問題なのである。何も考えずに口にできた場合は単純な活動であり，複雑に思考した場合には，考える活動にはなっているが，子ども達にとって，それをこなすことができるかが問題となってくる。具体的に考えていこう。

〈例１〉

　Do you like ～? に慣れ親しませる活動を組むとする。ワークシートには，様々なスポーツや果物のイラストがあり，他の子ども達に「～が好きですか」と尋ね合わせるとする。

　A：Do you like baseball?　　B：No, I don't.

　この場合は，尋ねる側はイラストを見ながら順に尋ねており，深い思考段階にはない。一方，答える側は，質問を聞きながら，自分のことを考えて答える作業を行っている。したがって，この活動は，幾分考える場面を要した活動と言うことができる。

〈例２〉

　同じ表現 Do you like～? を使って，～の部分に自分で考えて単語を入れ，相手に必ず Yes, I do. と答えてもらう質問をする活動を行わせる。この場合，相手のことを考慮しながら，様々な単語を考えて質問しなければならない。したがって，深い思考が要求される。これらのように，常に仮想しながら活動を組んでいくことが大切なのである。

第3学年　子どもに考えさせることを重視した授業例（45分）

1 単　元　What do you like?

2 主　題　何がすき？

3 本時の目標と評価のポイント（評価を行う）（2／4h）

(1)何が好きかを尋ねたり答えたりして伝え合う。（思考・判断・表現）

(2)工夫しながら，相手に何が好きか尋ねたり答えたりしようとしている。（態度）

4 スモールトーク（導入）

　　　Hello. What fruit do you like? I like pineapples and bananas. What food do you like? I like sushi and *ramen*. Do you like sushi? Yes or No? Thank you.

5 授業案（下線部は考えさせる場面）

時	子どもの活動	担任の活動	留意（◎評価）
挨拶 (7)	1．挨拶をする。 　Hello. Mr. (Ms). Suginaka. 　I'm sleepy. How are you? 2．担任の好きな果物や食べ物についての話を聞き，質問に答える。	○笑顔で，大きな声で挨拶をする。 　Hello, everyone. How are you? 　I'm great, thank you. ○担任の好きな果物や食べ物についてのスモールトークをする。 ・「好きな果物は何ですか。」	・はっきり分かりやすいように話す。
導入 (20)	1．めあてを読んで確認する。 　友達の好きなものを知ろう。 2．担任のモデルの後について発音する。 3．担任のモデルを聞く。その後，担任に質問されたら答える。 4．What（　）do you like?・I like～. の質問と答え方のチャンツをする。 5．担任に好きな色，好きな果物，好きな食べ物，好きなスポーツを尋ねる。	○本時のめあてを確認する。 　友達の好きなものを知ろう。 ○色，果物，食べ物，スポーツのピクチャーカードを見せ，繰り返させる。 ○質問と答え方の例（色，果物，食べ物，スポーツ）のモデルを示し，その後，数人の子どもに質問をする。 ・What（　）do you like?・I like～. ○What（　）do you like?・I like～. の質問と答え方のチャンツをさせる。 ○子ども達に，担任の好きな色，好きな果物，好きな食べ物，好きなスポーツを尋ねさせる。	・前時の復習 ・何度も繰り返し質問をする。
展開 (15)	1．ペアで，好きなものについて尋ね合う。 2．ワークシートに，自分の好きな色，果物，食べ物，スポーツを書く。 3．What（　）do you like? を使って，相手の意向を考えながら，自分と同じものが好きな1人を見つければ，次の質問をし，4つの質問が終われば終了する。	○ペアで，好きな色，果物，食べ物，スポーツについて尋ね合わせる。 ○ワークシートを配布し，それぞれ，自分の好きな色，果物，食べ物，スポーツを書かせる。 ○What（　）do you like? を使って，クラスの中で，自分と同じものが好きな人を1人見つけたら，次の質問に進むことができるインタビューゲームをさせる。順番は，色，果物，食べ物，スポーツの順である。	・英語が分からないときは日本語でかまわない。 ◎積極的に尋ねたり答えたりしている。
振返 挨拶 (3)	1．振り返りシートを書く。 2．授業の感想を述べる。 3．挨拶をする。	○振り返りシートを書かせる。 ○子どもを指名し感想を述べさせる。 ○挨拶をする。	

第4学年　子どもに考えさせることを重視した授業例（45分）

1. **単　元**　Do you have a pen?
2. **主　題**　おすすめの文房具セットをつくろう
3. **本時の目標と評価のポイント**（評価を行う）（2／4h）
   (1) 文房具などについて尋ねたり答えたりして尋ね合う。（思考・判断・表現）
   (2) 相手に配慮しながら，文房具などについて伝え合おうとする。（態度）
4. **スモールトーク**（導入）

　　Hello. Look at this pencil case. It's my pencil case.（ペンケースを開けて）I have two erasers. I have two black pens. I have a red pen. And one, two, three, four pencils. I have four pencils. Thank you.

5. **授業案**（下線部は考えさせる場面）

時	子どもの活動	担任の活動	留意（◎評価）
挨拶 (7)	1．挨拶をする。 　Hello. Mr.(Ms). Tsubota. 　I'm super. How are you? 2．筆箱の中味について聞き，質問に答える。	○笑顔で，大きな声で挨拶をする。 　Hello, everyone. How are you? 　I'm happy, thank you. ○筆箱の中味についてのスモールトークをする。 ・「先生は何本鉛筆を持っていますか。」	・はっきり分かりやすいように話す。
導入 (20)	1．めあてを読んで確認する。 　持っている文房具について伝え合おう。 2．文房具のピクチャーカードを見て，担任の発音を聞きながら，繰り返す。 3．担任のモデルを見て，状況を理解する。 4．指名された子どもは，質問に答える。 5．ペアで，Do you have〜? を使って，持っている文房具について尋ね合う。	○本時のめあてを確認する。 　持っている文房具について伝え合おう。 ○文房具のピクチャーカードを示しながら発音し，繰り返し発音させる。 ○会話のモデルを示す。 　A : Do you have an eraser? 　B : Yes, I do. 　A : Do you have a stapler? 　B : No, I don't. 　A : Do you have some pens? 　B : Yes, I do. ○数人の子どもに，Do you have〜? の質問をする。 ○ペアになり，黒板に貼られている文房具について，Do you have〜? で尋ね合わせる。	・前時の復習 ・積極的に尋ね合わせる。
展開 (15)	1．4人のグループになり，1人ずつ，筆箱の中の文房具を他の子どもに説明する。 ・担任の説明の中になかった文房具についても，考えながら質問したり，答えたりする。 2．指名された子どもは，自分の筆箱の中味について説明をする。 3．担任が読み上げる筆箱の説明を聞いて，最も適する筆箱に○を描く。	○4人のグループになり，1人ずつ，筆箱の中の文房具を他の子どもに説明させる。 ・説明の中になかった文房具についても，グループで質問したり答えたりさせる。 ○数人の子どもを指名し，筆箱の中味について説明させる。 ・適宜，コメントを入れたり，褒めたりする。 ○様々な文房具が入った筆箱のイラスト（4〜5種類）が描かれたワークシートを配布し，聞き取りクイズをする。	・グループのメンバーに伝わるように説明させる。 ◎理解度を確認する。
振返 挨拶 (3)	1．振り返りシートを書く。 2．授業の感想を述べる。 3．挨拶をする。	○振り返りシートを書かせる。 ○子どもを指名し感想を述べさせる。 ○挨拶をする。	

３ 第3・4学年 クリル（CLIL）を用いた授業例

　クリル（CLIL）とは，英語学習法の１つで，Content and Language Integrated Learningの略で，日本語では「内容言語統合型学習」とも呼ばれている。integratedの語は，総合的な学習の時間を英語でintegrated studiesと呼ぶように，様々な物事を「統合する」という意味で使う。したがって，従来の英語学習の考え方のような，英語のために英語を学ぶのではなく，英語をツールとして，様々な内容を英語を使いながら学んでいくことになる。特に小学生の場合には，理科や算数，国語や社会，音楽などの内容について英語を使いながら学んでいくことで，英語運用能力が向上するだけではなく，新しい知識や技能も身に付けていくことができるとされる。しかし，単純に他の教科を英語で教えればよいというわけではない。それでは，単なるバイリンガル教育になってしまう。そこで，クリルでは，Content（指導内容），Communication（言語技能・表現力），Cognition（判断力・思考力），Culture（国際理解）を重視しながら指導することが求められている。これらは，学校教育において，「教科横断型学習」や「クロスカリキュラム」と同じ考え方に立っており，平成20年改訂の学習指導要領の中でも，指導計画の作成と内容の取扱いの項で，「指導内容や活動については，児童の興味・関心にあったものとし，国語科，音楽科，図画工作科などの他教科等で児童が学習したことを活用するなどの工夫により，指導の効果を高めるようにすること」としており，ことさら新しい考え方でもない。実は，私がこの学習指導要領の作成中に，どのような内容を学ぶと最も効果的か考えていた際，脳裏にあの大津由紀雄氏の「小学校では英語をピーチクパーチク言っているだけ」という言葉が焼き付き，この項目を取り入れることにしたのである。当時，クリルは一般的ではなく，今になってはクリルが後追いをした形となっている。また，平成29年改訂の学習指導要領にも，同じ項で，「言語活動で取り扱う題材は，児童の興味・関心に合ったものとし，国語科や音楽科，図画工作科など，他教科等で児童が学習したことを活用したり，学校行事で扱う内容と関連付けたりするなどの工夫をすること」とあり，これをもとに，教科書やテキストが作られている。中学校や高校の英語の教科書もこの考え方から，題材を精査し作成されている。例えば，科学的な内容，環境問題，人権問題，国際交流，食育など，内容のあるものを英語を通して，聞いたり，話したり，読んだり，書いたりしている。それを小学校にも取り入れるということにすぎない。このことは，既にChapter 2の「クロスカリキュラムの考え方」でも詳しく述べている。

　教科書出版会社においては，例えば，算数の教科書の英語版を出版していたり，理科や算数などの教科書に，英語の語彙や表現を挿入していたりと，これまでは，英語の教科書に国語や理科，社会などの教科内容を取り入れていたが，最近では，反対に，他教科の教科書の中で，英語を学習しようという動きになっている。

クリルを用いた授業で注意したい点は以下の通りである。

教師の負担が大きく，無理をしないこと

　小学校で学習している他教科の内容は，日本語ではそれほど難しくはないが，それを英語で指導することは教師にとって大きな負担となる。語彙も難しくなり，英語で説明することは困難な場合が多い。したがって，無理はしないことである。外国語の教科書やテキストでは，深い内容まで指導することはないので，配布される教科書やテキストを利用して，子ども達の状況に合わせて，時には発展的な内容にまで進めることで十分である。

取り扱う内容を精査すること

　英語の教科書やテキストにない内容でも，子ども達が興味を持ちそうな場合には，しっかりと計画を立てて，実践してみることである。例えば，3・4年生の理科や社会の場合を考えてみると，教科書にある以下の内容をクリルの手法で教えることができる。

〈理科〉

○第3学年
- ・チョウを育てよう（butterfly）
- ・こん虫の観察（insect）
- ・じしゃくのふしぎ（magnet）
- ・ものと重さ（weight）

○第4学年
- ・天気と一日の気温（temperature）
- ・月や星（moon, star）
- ・ヒトの体と運動（body, motion）
- ・水のすがた（water）

〈社会〉

○第3学年
- ・わたしたちの住んでいるところ（our city）
- ・まちではたらく人びと（working people）

○第4学年
- ・地いきのはってんにつくした人々（great man）
- ・わたしたちの住んでいる県（my prefecture）

どのように取り扱うのか

　他教科の内容を取り扱う場合，既に授業で学習した内容を英語で再度取り扱うのか，または，まだ学習していない内容を取り扱うのかで指導の在り方が大きく変わる。通常，クリルでは後者であるが，語彙や表現の問題に加え，子ども達に知識がなく，背景も分からない状態で，内容を一から教えることはかなりハードルが高く，効果も期待できない。

　それならば，例えば，単元内容に関することで，子ども達が興味を持ちそうな新しいことに挑戦してみるのも面白い。クリルの成功は，英語を勉強しているという意識以上に，内容に興味を持ち，英語を理解しようと耳をそばだて，最終的には，英語で理解していることを感じさせない状況を生み出すことである。日本の子ども達にはまだまだ難しいことではある。

第3学年　クリルを用いた授業例（45分）

1. **単　元**　What's this?
2. **主　題**　こん虫（insect）の観察をしよう
3. **本時の目標と評価のポイント**（評価を行う）（1／4h）
   (1)昆虫の名前に慣れ親しむ。（知識・技能）
   (2)相手に伝わるように工夫しながら，クイズを出し合おうとする。（態度）
4. **スモールトーク**（導入）

   Hello. Do you like insects? For example, beetles, moths, bees, ants, and so on. How many legs do insects have? Two? Four? Six? Eight? Yes, insects have six legs. Thank you.

5. **授業案**（下線部はクリル）

時	子どもの活動	担任の活動	留意（◎評価）
挨拶(7)	1．挨拶をする。 Hello. Mr. (Ms). Takimoto. I'm super. How are you? 2．昆虫についての話を聞き，質問に答える。	○笑顔で，大きな声で挨拶をする。 Hello, everyone. How are you? I'm fine, thank you. ○昆虫についてのスモールトークをする。 ・「昆虫の足は何本ですか。」	・はっきり分かりやすいように話す。
導入(20)	1．めあてを読んで確認する。 こん虫のクイズを出し合おう。 2．担任のモデルの後について発音する。 3．担任の質問に，昆虫名を答える。 4．担任の出すスリーヒントクイズに答える。 (Answer) Ant.	○本時のめあてを確認する。 こん虫のクイズを出し合おう。 ○昆虫のピクチャーカードを見せ，繰り返させる。（butterfly, bee, ant, moth, beetle, fly, cicada, cricket, dragonfly, grasshopper） ○ピクチャーカードの一部を隠して，子ども達に What's this? と質問をする。 ○黒板にピクチャーカードを貼り，スリーヒントクイズ（形状）の例を示す。 (Hint1) Six legs. (Hint2) Black. (Hint3) Small.	・前時の復習 ・何度も繰り返し質問をする。
展開(15)	1．昆虫に関するスリーヒントクイズ（形状）を作問する。 2．4人グループになり，スリーヒントクイズを出し合う。 3．昆虫の特徴について，ピクチャーカードを見ながら担任の説明を聞く。 4．グループで，理科の教科書を参考に，クイズを作る。 5．クラスの子ども達にグループごとのスリーヒントクイズを出す。	○子ども達に昆虫に関するスリーヒントクイズ（形状）を作問させる。 ○4人グループになり，スリーヒントクイズを出し合わせる。 ○黒板に貼ってある昆虫の特徴について，それぞれ英語で説明する。 ・They can fly.　・They can't fly. ・They can dance very well. ・They like honey. ○グループで，理科の教科書を参考に，スリーヒントクイズを作らせる。 ○クラスの子ども達にグループごとのスリーヒントクイズを出させる。	・英語が分からないときはジェスチャーを入れる。 ◎積極的に尋ねたり答えたりしている。
振返挨拶(3)	1．振り返りシートを書く。 2．授業の感想を述べる。 3．挨拶をする。	○振り返りシートを書かせる。 ○子どもを指名し感想を述べさせる。 ○挨拶をする。	

第4学年　クリルを用いた授業例（45分）

1. **単　元**　We live in Iwate.
2. **主　題**　わたしたちの住んでいる県（my prefecture）を説明しよう
3. **本時の目標と評価のポイント**（評価を行う）（3／4h）

   (1) 住んでいる県についての発表準備をする。（思考・判断・表現）

   (2) みんなに伝わるように配慮しながら発表の準備をしている。（態度）

4. **スモールトーク**（導入）

   Hello. I live in Iwate Prefecture. We have the beautiful mountains and the sea. I have many nice foods in Iwate. I like *remen* and fresh fish very much. Thank you.

5. **授業案**（下線部はクリル）

時	子どもの活動	担任の活動	留意（◎評価）
挨拶 (7)	1．挨拶をする。 　Hello. Mr.（Ms）. Kimura. 　I'm fine. How are you? 2．岩手について聞き，質問に答える。	○笑顔で，大きな声で挨拶をする。 　Hello, everyone. How are you? 　I'm sleepy, thank you. ○岩手のスモールトークをする。 ・「先生は何が好きですか。」	・はっきり分かりやすいように話す。
導入 (20)	1．めあてを読んで確認する。 　私たちの県について発表しよう。 2．岩手県の特産物や自然について，写真を見ながら，担任の発音を繰り返す。 3．担任の岩手に関する説明を聞く。 ・The largest in Japan. ・1.27 million people.	○本時のめあてを確認する。 　私たちの県について発表しよう。 ○岩手県の特産物や自然，有名人について，写真を示しながら発音し，繰り返し発音させる。 ・Kitakami river, Sanriku coast, Mt.Iwate, agriculture, fishing industry, *remen, wanko soba*, fish, Miyazawa Kenji, Otani shohei ○岩手に関する説明を，地図を参考に英語でする。（子どもの状況に合わせる） ・Iwate is the largest prefecture in Japan. Iwate is a population of 1.27 million people. ○英語で質問してみる。 ・How big is Iwate? ・What is the population of Iwate?	・前時の復習 ・はっきり分かりやすいように，手振り身振りも加えて話す。
展開 (15)	1．前時の調べ学習や宿題をもとに，ペアで，岩手について話し合わせる。 ・相手に伝わらない部分を確認し，修正する。 2．発表で提示するイラストを作成する。 3．4人グループになり，それぞれ発表のリハーサルをする。 ・言うことが伝わるか。 ・発表の態度は正しいか。 ・イラストはよく分かるか。	○前時の調べ学習や宿題をもとに，ペアで，岩手について話し合わせる。 ・相手に伝わらない部分を確認させる。 ・発表で提示するイラストを作成させる。 ○4人グループになり，それぞれ発表のリハーサルをさせる。 ・机間指導をしながら，適宜支援をする。	・相手に伝わるように説明させる。 ◎発表を意識して，積極的に発表練習をしている。
振返挨拶 (3)	1．振り返りシートを書く。 2．授業の感想を述べる。 3．挨拶をする。	○振り返りシートを書かせる。 ○子どもを指名し感想を述べさせる。 ○挨拶をする。	

4 第3・4学年 プロジェクト学習を重視した授業例

　プロジェクト学習とは，例えば，単元の最終的な学習到達ゴールを設定し，それに向けて，語彙や表現の学習，様々な表現に慣れ親しむ活動，調べ学習や準備などを経て，ゴールにたどり着くように計画を立てて行う授業のことである。したがって，どのようなゴールを設定するのかが大事になる。例えば，最終的にショウ・アンド・テルやスピーチ，プレゼンテーションなどの発表を行うことをゴールとしたり，買い物や道案内のやり取り，アルファベットの一覧表を作成したりすることなどをゴールとして定めておくことである。そして，そのゴールまで子ども達を問題なく到達させるために，どのような授業内容にするかをバックワードで考えながら単元デザインを決めて指導に当たることである。その際，多くの成果を期待する観点から，他の子ども達との協働が図られる主体的・対話的で深い学び（アクティブ・ラーニング）の手法を用いることも大切である。

　例えば，「私の宝もの（My treasure）」（5時間で行うことを想定）をテーマとしたスピーチをゴールと定めた場合には，次の流れが考えられる（バックワードで考える）。

〈Goal：私の宝もの（My treasure）のスピーチ（本番）〉
　4：リハーサル（ペアやグループでの練習）
　3：スピーチ原稿の作成とペアでの確認
　2：スピーチの内容を考え，必要な語彙や表現の調べ学習
　1：スピーチに必要な語彙や表現の学習

　3，4年では，実時間数が少ないことから深い内容まで求めることはできないが，ゴールまでの流れを体験させることで，以後のプロジェクト学習では容易に指導することができる。
　また，買い物のやり取りをゴールと定めた場合には，次の流れが考えられる。

〈Goal：果物や野菜を買う場面でのやり取り（本番）〉
　4：果物や野菜を買う場面でのやり取りのリハーサル
　3：ペアでのやり取りの練習とグループでのやり取りの練習
　2：果物や野菜の語彙や買い物で使う表現の学習とペアでのやり取りの練習
　1：果物や野菜の語彙や買い物で使う表現の学習

　次に，アルファベット一覧表の完成をゴールとする場合は，

〈Goal：アルファベットの一覧表完成（最終）〉
　4：アルファベットを音読しながら，下書き作成
　3：アルファベットを音読しながら，アルファベット一覧表のラフ作成
　2：アルファベットの音読と文字練習
　1：アルファベットの音読練習

次に，プロジェクト学習で注意しなければならない点は以下の通りである。

ゴールの明確化

　子ども達に，この単元を終わる頃には，「こんなことをします」「こんなことができるようになります」と明確にイメージできるようにさせておかなければならない。ただ，授業の流れとしてイメージしているだけでは，本気でゴールの活動に取り組まない子どもも出てくる。そこで，「これは普段のテストと同じくらい重要な活動である」と宣言しておくことである。これによって，最後の活動も締まり，そのための準備にも真剣に取り組むようになる。いかに本気にさせるかは，教師の導き方一つで決まる。

　また，このゴールもパフォーマンス評価のためのパフォーマンス活動と捉え，しっかりと評価することができる。そのために，ゴールの活動はビデオに撮り，評価に活用したり，来年の子ども達にゴールを見せて，イメージを持たせるために使用することもできる。

準備（リハーサル）の重要性を認識させる

　ゴールの活動を評価するとすれば，その準備にも時間をかけたい。最後の活動を締まったものにするためにも，リハーサルは，集中して取り組ませることである。例えば，スピーチであれば，発表の態度や姿勢，音声や表現を練習することで，最後の活動を緊張を持って望むことになる。その練習は，教師がチェックするのではなく，ペアやグループで練習を見せ合うことで切磋琢磨し，相手の発表を見て自分の発表を工夫したり，向上させることにもつながる。まさに，これが主体的・対話的で深い学びの姿である。

　また，子どもの中には，ペアやグループ以外に練習を見られたくないと思う子どももいることから，練習場所を教室以外の数カ所に準備し，利用させることも必要になってくる。これらは状況により判断する。また，発表の準備段階から，発表に必要な小道具などを事前に準備させて，リハーサルで本番さながらの練習をさせることで，発表が引き締まったものになる。つまり，どのように本気にさせるかである。

評価表を使用する

　ゴールでの発表では，子ども達一人一人の発表について，他の子どもが評価するように評価表を用意することである。例えば，評価の観点を，笑顔，声の大きさ，内容などにし，評価者の子ども達には◎や○，△で記入させることである。また，その発表について簡単なコメントを書かせるのも良い。これらは，相手を評価することにより，自分自身の発表を見直すことにもなり，より向上させることができるからである。

　また，ゴールでのやり取りを評価させることも可能である。相手とやり取りを行い，相手の伝えようとしていることがよく分かった，まあまあ分かったなどの評価をさせるのである。もちろん，コメントを書かせることもできる。

　以上のことを考えながらゴールの活動をさせることにより，授業が締まることはもちろん，子どもの知識や技能もはるかに向上させることにもつながる。

第3学年　プロジェクト学習を重視した授業例（45分）

1　単　元　This is for you.

2　主　題　カードをつくろう

3　本時の目標と評価のポイント（評価を行う）（3／4h）

(1)様々なカードに書かれている言葉に慣れ親しむ。（知識・技能）

(2)相手が喜ぶようなカードをつくろうとする。（態度）

4　スモールトーク（導入）

　Hello. I have three cards. This is a Valentine's Day card. This is a birthday card. And this is a Christmas card. What card do you like? This card or this card? I like this birthday card. Thank you.

5　授業案

時	子どもの活動	担任の活動	留意 （◎評価）
挨拶 (7)	1．挨拶をする。 　Hello. Mr. (Ms). Kitano. 　I'm hungry. How are you? 2．カードについての話を聞き、質問に答える。	○笑顔で，大きな声で挨拶をする。 　Hello, everyone. How are you? 　I'm super, thank you. ○カードについてのスモールトークをする。 ・「先生はどのカードが好きですか。」	・はっきり分かりやすいように話す。
導入 (15)	1．めあてを読んで確認する。 　友だちにおくるカードをつくろう。 2．担任のモデルの後について発音する。 3．色の付いた形のピクチャーカードを見て，色と形を言う。 4．黒板に貼られたグリーティングカードを見て，担任の発音モデルを聞く。 5．担任のモデルの後について発音する。	○本時のめあてを確認する。 　友だちにおくるカードをつくろう。 ○カードを見せ，形に関する語を繰り返させる。（triangle, square, rectangle, circle, star, diamond） ○色の付いた形のピクチャーカードを提示し，子どもに発音させる。 ・red rectangle, blue triangle, ○拡大したグリーティングカードを黒板に貼り，書かれている言葉の発音モデルを示す。 ○グリーティングカードの言葉を，繰り返し発音させる。	・前時の復習をする。 ・何度も繰り返し言わせる。
展開 (20)	1．何も書かれていないカードを受け取る。 2．友達のことを考えながら好きなカードを選び，学習した色や形を描く。また，黒板に貼ってあるカードを参考に，英語の表現を書き入れる。 3．ペアで見せ合い，意見を交換する。	○何も書かれていないカードを配る。 ○友達のことを考えながら誕生日カード，バレンタインカード，クリスマスカード，お礼のカード，正月のカードの中から好きなものを選び，学習した色や形を描かせる。また，黒板に貼ってあるカードを参考に，英語の表現を書き入れさせる。 ○ペアで，できているところまでを見せ合い，意見を交換する。	・楽しく作成できるよう声かけをする。 ◎楽しんでカードを作成している。
振返 挨拶 (3)	1．振り返りシートを書く。 2．授業の感想を述べる。 3．挨拶をする。	○振り返りシートを書かせる。 ○子どもを指名し感想を述べさせる。 ○挨拶をする。	

第4学年 プロジェクト学習を重視した授業例（45分）

1. **単 元** This is my favorite pizza.
2. **主 題** わたしの好きなピザを紹介しよう
3. **本時の目標と評価のポイント**（評価を行う）（4／4h）
 (1)好きなピザのショー・アンド・テル（スピーチ）をする。（思考・判断・表現）
 (2)みんなに伝わるように配慮しながら，楽しく発表をする。（態度）
4. **スモールトーク**（導入）

 Hello. I like pizza. This is my favorite pizza.（指差しながら）This is a sausage. This is a chicken. This is a pineapple. Do you like this one? It is very delicious. What pizza do you like? Thank you.

5. **授業案**

時	子どもの活動	担任の活動	留意（◎評価）
挨拶(7)	1．挨拶をする。 　Hello. Mr. (Ms). Suzuki. 　I'm sleepy. How are you? 2．ピザについて聞き，質問に答える。	○笑顔で，大きな声で挨拶をする。 　Hello, everyone. How are you? 　I'm great, thank you. ○ピザについてのスモールトークをする。 ・「先生のピザに何が入っていますか。」	・はっきり分かりやすいように話す。
導入(15)	1．めあてを読んで確認する。 　自分の好きなピザを発表しよう。 2．担任の好きなピザについてスピーチを聞く。その際，視線や声の調子，始め方や終わり方に注意して聞く。 3．スピーチする際，大切なことは何か，グループで話し合い発表する。	○本時のめあてを確認する。 　自分の好きなピザを発表しよう。 ○担任自身の好きなピザについて，再度スピーチを行う。その際，視線や声の調子，始め方や終わり方に注意して聞くように伝える。 ○グループでスピーチする際に大切なことについて話し合わせ，発表させる。	・しっかり考えさせる。
展開(20)	1．4人グループになり，それぞれ，スピーチの事前練習をする。 2．評価シートを受け取る。 3．評価シートに書かれている順にスピーチをする。 ・スピーチごとに評価シートを書く。 ・担任のコメントを聞き，自分のスピーチに取り入れる。 4．全員の評価シートを書き終えたら，提出する。	○4人グループでそれぞれ，スピーチの事前練習をさせる。 ○評価シートを配る。 ○評価シートに書かれている順にスピーチをさせる。 ・スピーチごとに評価シートを書かせる。 ・一人一人にスピーチ終了後，コメントをする。 ○全員の評価シートを書き終えたら，回収する。	・相手に伝わるようにさせる。 ◎自分の思いが子ども達に伝わっているか。
振返挨拶(3)	1．振り返りシートを書く。 2．授業の感想を述べる。 3．挨拶をする。	○振り返りシートを書かせる。 ○子どもを指名し感想を述べさせる。 ○挨拶をする。	

【評価シート例】

	名　前	言っていることが分かりましたか。	声がよく聞き取れましたか。	元気にえがおで言えていましたか。	思ったことを書きましょう。
1		◎　○　△	◎　○　△	◎　○　△	
2		◎　○　△	◎　○　△	◎　○　△	

第3・4学年　英語で進めることを重視した授業例

　現在，中学校でも高校でも，英語の授業は英語で進めることを基本としている。これは，平成20年の高等学校学習指導要領の改訂に当たり，「授業は英語で行うことを基本とする」との文言が取り入れられ，平成29年には中学校学習指導要領に同様の文言が取り入れられたことによるものである。この流れでいくと，次の改訂（2028年頃）には，小学校の学習指導要領にも取り入れられることは想像がつく。それは，私が教科調査官時代に作成したシミュレーションでも，2018年頃の改訂には，導入期を小学校3年からとし，教科は5年生から，また，2028年頃の改訂には，導入期を小学校1年からとし，教科は3年生から，そして，2038年頃の改訂には，1年生から教科として英語を学ぶこととした。今も，この流れで進行している。また，「授業は英語で行うことを基本とする」ことは，高校，中学校，そして小学校と順次改訂の度に校種を移行して行うことと考えていた。

　したがって，小学校でも，遅かれ早かれ「授業は英語で行うことを基本とする」ことが導入されるとすれば，今から事前準備として，可能な限り英語で授業を進めることは，教師にとっては，プラスに働くことは間違いない。

　そこで，今一度，「授業は英語で行うことを基本とする」の文言を見てみる。特に下線部の「基本とする」という言葉である。これは，改訂作業当初は「基本」ではなく「原則」の文言が使われていた。これを目にした私は，担当キャリアに話をして，「原則」の文言を外してほしいと懇願した。なぜならば，この「原則」という言葉は，法令上「～しなければならない＝must」に近い言葉である。つまり，「授業は英語で行うことを原則とする」となれば，法的にも強制力を持ち，例えば，日本語で授業を進めていた場合には，教育委員会等から，英語で授業を進めるように指導が入ることが想定される。したがって，この「原則」を実現するためには，まだまだ機が熟していないと判断したのである。

　では，なぜそのような文言が導入されたのか。そもそも，日本人の英語力は他国に比しても非常に低く，しかも，英語の授業は訳読や文法を中心に進められ，読むことや書くことをはじめ，聞くことも話すことも向上していないとの報告がある。多くの教師は授業中日本語で解説を繰り返すばかりである。これでは，実践的な英語力など到底付くはずもない。そこで，まずは，子ども達が英語に触れる時間を確保するために，教師の英語を聞かせ，英語を聞いたり話したりする雰囲気を醸成させながら，子ども達に英語を使用させることで，英語力の向上を図ろうとしたのである。したがって，子ども達が理解できない英語を一方的に使ったり，子どもの英語使用時間が確保されないほど教師が英語で説明したりするのでは，本末転倒である。子ども達は常に主役であり，子ども達が英語に触れる時間を確保するために，「授業は英語で行うことを基本とする」の文言があるのである。

次に，授業を英語で進める場合の注意点を以下に示す。

無理をしないこと

英語で授業を進めるからといって，無理をして，間違った単語や発音，表現を使ったのでは意味がない。自分自身の英語力を再確認しながら，できるところから使用していくことである。その場合，特に英語使用の段階は以下の順に行っていくことである。基本的な使用から，徐々に，高度な使用へと移ることが大切である。

❶挨拶を英語で行う（自信のない場合，ここから始める）

はじめの挨拶：Hello. How are you? What day is it today? What's the date today? How is the weather today?

終わりの挨拶：That's all for today. Did you enjoy today's class? See you next time. Good-bye. See you.

❷指示を英語で行う（挨拶の次の段階）

Stand up. Sit down. Go back to your seat. Are you ready? Let's begin. Line up. Come here. Come to the front. Louder. Be quiet. Close your eyes. Raise your hands. Look at me. Listen to me. Make pairs. Make groups.

❸褒めたり，励ましたりする（指示と同レベルで）

That's right. Good! Good job! Great! Good idea! Wonderful! Excellent! Marvelous! Perfect! Congratulations! Let's give her a big hand. Thank you. Don't give up. Don't worry. It's OK. Close! You can do it. Don't be shy.

❹ Small Talk (Teacher's Talk) を行う（事前の準備が必要）

授業に関連する内容や表現，語彙を使って，子ども達に興味付けとして行う。子どもの状況により，2，3文程度から5，6文程度までを聞かせる。

❺活動やゲームの方法を説明する（これができれば，ほぼ英語で授業ができる段階）

常に，子ども達が理解できているかを確認し，難しいようであれば，所々で日本語を使用することも可能である。ただし，一度英語で話し，その内容を日本語でまた言うことは意味がない。これでは，子ども達は日本語だけを理解し，英語を聞かない状況をつくり出してしまう。

ALTとのティーム・ティーチングの場合

ネイティブ・スピーカーとのティーム・ティーチングの場合には，共に英語で進めることが得策である。ネイティブ・スピーカーの話を子ども達が理解できない場合には，担任に助けを求めるような眼差しを向けるが，そこで，担任が日本語で説明したり，日本語に訳したりしたのでは，ネイティブ・スピーカーの存在する意味がない。できるだけ日本語を使用せずに，子どもが分かるようにジェスチャーを使ったり，ネイティブ・スピーカーの言った言葉の一部を繰り返したりして，理解させることである。

第3学年　英語で進めることを重視した授業例（45分）

1 単　元　ALPHABET

2 主　題　アルファベットの文字を知ろう

3 本時の目標と評価のポイント（評価を行う）（1／4h）

(1)アルファベット26文字に慣れ親しむ。（知識・技能）

(2)アルファベット26文字を言ったり探したりしようとする。（態度）

4 スモールトーク（導入）

　　Hello. Do you know the alphabet? Yes or no?（テキストのアルファベットの文字を見せながら） How many letters of alphabet can you see? Twenty three? Twenty four? Twenty five? Twenty six? Yes, that's right. Twenty six. Thank you.

5 授業案

時	子どもの活動	担任の活動	留意（◎評価）
挨拶 (7)	1．挨拶をする。 ・Hello. Mr. (Ms). Satoh. ・I'm hungry. How are you? ・January fourteenth. ・Friday. ・It's sunny. 2．アルファベットの文字についての話を聞き，質問に答える。	○Greeting ・Stand up. ・Hello, everyone. How are you? ・I'm super, thank you. ・What's the date today? ・What day is it today? ・How is the weather today? ○Small talk ・How many letters of alphabet can you see?	・はっきり分かりやすいように話す。
導入 (15)	1．めあてを読んで確認する。 　Learn about the alphabet. 2．ABCの歌を歌う。 3．担任の後に続いて，アルファベットの文字を発音する。	○Goal ・Repeat after me. 　Learn about the alphabet. ○Song ・Let's sing a song, 'ABC song.' ○Repetition ・Open your textbook to page 22. ・Repeat after me.	・何度も繰り返し言わせる。
展開 (20)	1．テキストに描かれているアルファベットの文字を言う。 2．ペアでポインティング・ゲームをする。 ・担任の言うアルファベットの文字をペアで競い合いながら，指差す。	○To find the alphabet letters ・What letters do you see in the picture? ・Where is "A" in this picture? ○Game ・Let's play the Pointing Game. ・Make pairs. ・Put a textbook between you and your partner. ・When I say an alphabet letter, point to it. ・First come, first served.	◎楽しくポインティング・ゲームに取り組んでいる。
振返 挨拶 (3)	1．振り返りシートを書く。 2．授業の感想を述べる。 3．挨拶をする。	○振り返りシートを書かせる。 ○子どもを指名し感想を述べさせる。 ○挨拶をする。	

第4学年　英語で進めることを重視した授業例（45分）

1 単　元　This is my favorite place.

2 主　題　道案内をしよう

3 本時の目標と評価のポイント（評価を行う）（4／4h）

(1)尋ねられた場所に道案内をする。（思考・判断・表現）

(2)相手に伝わるように配慮しながら，道案内をしている。（態度）

4 スモールトーク（導入）

　　Hello. Do you want to go to the arts and crafts room? OK. Please follow me. Go straight, go straight. Turn left at the music room. And go straight. Then this is the arts and crafts room. Thank you.

5 授業案

時	子どもの活動	担任の活動	留意 （◎評価）
挨拶 (7)	1．挨拶をする。 ・Hello. Mr. (Ms). Yamada. 　I'm sleepy. How are you? ・July fourteenth. ・Monday. ・It's rain. 2．道案内について聞き，質問に答える。	○Greeting ・Stand up. ・Hello, everyone. How are you? ・I'm super, thank you. ・What's the date today? ・What day is it today? ・How is the weather today? ○Small talk ・Where is the arts and crafts room?	・はっきり分かりやすいように話す。
導入 (15)	1．めあてを読んで確認する。 　Let's guide your friend. 2．担任の後に続いて，学校の教室名を発音する。 3．モデル・ダイアログを聞き，ペアで，役割別に繰り返し練習する。 ・下線部の場所を随時変えながら，それに合わせて，道案内をする。	○Goal ・Repeat after me. 　Let's guide your friend. ○Review, Repetition ・cooking room, restroom, classroom, music room, library, principal's office, teachers' room, gym, lunch room…. ○Review, Repetition ・Listen to our dialog. ・Listen carefully. A: Hello. I want to go to <u>the library</u>. B: OK. Please follow me. A: Thank you. B: <u>Go straight, go straight. Turn right. Go straight. Turn left at the restroom. This is the library.</u> A: Thank you very much. B: You're welcome.	・何度も，口慣らしをする。場所を変えながら，臨機応変に答えられるようにする。
展開 (20)	1．ペアになり，相手の行きたいところを聞き，道案内をする。 ・時間があれば，メンバーを変えて，同じように道案内をする。	○Activity ・Let's guide your friend. ・Make pairs. ・Decide the order. ・Who is the first guide? ・Change roles. ・It's OK to make mistakes. ・Did you do your best? ・How was it?	・相手に伝わるようにさせる。 ◎間違わずに道案内をしている。
振返 挨拶 (3)	1．振り返りシートを書く。 2．授業の感想を述べる。 3．挨拶をする。	○振り返りシートを書かせる。 ○子どもを指名し感想を述べさせる。 ○挨拶をする。	

第3・4学年 子どもの発表を主体とする授業例

　先の「プロジェクト学習を重視した授業例」にも記した通り，発表には，個人で行うスピーチ，ペアで行うスキット発表，グループで行う劇発表などがそれに当たる。学習指導要領の解説編にも，「話すこと」の技能の一つの領域として，「発表」が独立して表記されている。そこには，「この事項では，身の回りの物の実物やイラスト，写真などを見せながら，人前で話す活動を示している。例えば，好きな漢字や友達に送るカードなどの作品について，具体物を示しながら，その数や形状などについて簡単な語句や基本的な表現を用いて話す活動が考えられる。その際，(中略) 話し手は，聞き手に配慮して，明瞭な聞き取りやすい声の大きさで言ったり動作を交えたりしながら分かりやすく話し，聞き手もうなずくなどの反応を返して相手の話を受容しようとするなどの態度を育てることに留意する必要がある。」とある。ここでいう「具体物を示しながら行うスピーチ」はショー・アンド・テルのことであり，話し手は具体物を提示しながら，時々，視線を聞いている子ども達から具体物に移動させることで，安心して発表することができる。また，聞き手側も，具体物を興味を持って見ながら，スピーチにも耳を傾けるようになる。

　また，取り上げるテーマについては，「この活動においては，児童の発達の段階や興味・関心に沿った，『話したくなる』適切なテーマを設定することが重要である。活動形態についても，ペアやグループ，学級全体に向けた発表などが考えられるが，児童の実態に合わせて柔軟に扱うよう配慮する。」となっている。このことから，テキストにある発表のテーマだからといっても，子ども達の興味のない内容を取り扱っても効果は期待できない。それならば，テキストになくとも，子ども達が「話したくなる」テーマを選んで発表させることが大切なことである。

　一方，教師側の指導の在り方として，「人前での発表に抵抗感を感じる児童がいることも考えられる。そこで，単元の早い段階で，児童にとっての最終活動となるモデルを指導者が実際に示し，活動のイメージを持たせるとともに意欲を喚起することが大切である。さらに，児童一人一人が自信をもって発表できるよう，個に応じた支援を行うとともに，練習などの準備の時間を十分確保する必要がある。」としている。やはり，発表はインタビュー活動をはじめとする様々な活動とは異なり，アイディアを練る時間や，原稿を作成する時間，リハーサルとしての準備時間を十分に取ることが必要である。

　では，具体的に発表を主体とする授業を行う際の注意点は何か，以下に示す。

テーマについて

〈個人で行う発表の場合〉テーマは様々なものが考えられ，以下に列挙してみる。
 1．自己紹介（名前，好きな食べ物，好きな動物など）
 2．好きな漢字や文字（漢字のカード作成，漢字の画数，理由など）

3．好きなTシャツや服装（Tシャツや服装のイラスト作成，説明と理由など）
   4．好きなフルーツ・パフェ（フルーツ・パフェのイラスト作成，説明と理由など）
   5．スリーヒント・クイズ（スリーヒント問題作成，クイズ出題）
   6．好きな科目や時間割（時間割作成，科目名と理由など）
   7．好きなランチ・メニュー（ランチのイラスト作成，説明と理由など）
   8．筆箱の中味（筆箱を用意，中味の説明と解説など）
   9．自分の名前のアルファベット文字（アルファベットで書いた名前のカード，説明など）
  10．調べ学習で探し出したアルファベットの文字が書かれた店（店の名前，説明など）
  11．ペットや家族紹介（ペットのイラスト作成，説明など：指導時の配慮が必要）
  12．できることと苦手なことの紹介（できること苦手なことのイラスト作成，説明と理由など）
  13．行ってみたい国の紹介（行ってみたい国のイラスト作成，説明と理由など）
  14．一日の生活の紹介（算数で使用する丸時計準備，説明など）
  15．将来の夢の紹介（なりたい職業のイラスト作成，説明と理由など）

〈ペアで行うスキット発表等の場合〉
   1．初対面での挨拶（初対面同士）
   2．遊びや買い物に誘う（友達と）
   3．道案内（見知らぬ人と）
   4．レストランでの注文（客とウエーター，ウエートレス）
   5．ファーストフード（マグドナルド等の店）
   6．電話（簡単な電話での会話）
   7．漫才（簡単なオチのある漫才）

〈グループで行う発表等の場合〉
   1．劇（芝居やお笑いなど，子ども達が楽しく取り組めるもの）
   2．歌（英語の歌をクラス全員で歌う。合唱やコーラスなど）

発表の順番について

　発表の順番を考える際，出席番号順や座席表順であったりするが，これでは全体的に盛り下がる場合がある。発表を盛り上げるためには，ランダムに順番を組むことである。そして，それを評価表（プロジェクト学習の項参照）に順番に記入しておく。ポイントは，1番目に当てる子どもは，そこそこ英語が堪能な子どもにする。1番目に英語が苦手な子どもを当てると，「あの程度でいいのか」と子ども達は思い，手を抜き始める。また，クラスでも指折りの英語使いを当てると，「すごいけど，あれほどできない」と悲観し，やる気をなくす。したがって，1番から3番くらいまでは，「これならがんばれる」「これなら自分の方がうまいかもしれない」と思わせるような子どもを指名すること。最も上手な子どもや苦手な子どもは，真ん中くらいにちりばめて配置することで，発表が引き締まり，盛り上がるものである。

第3学年　子どもの発表を主体とする授業例（45分）

[1] **単　元**　I like strawberries.
[2] **主　題**　好きなものや好きなことを発表しよう
[3] **本時の目標と評価のポイント**（評価を行う）（4／4h）
(1)好きなことや好きなものについて発表する。（思考・判断・表現）
(2)みんなの前で，はっきり伝わるように発表している。（態度）
[4] **スモールトーク**（導入）

　　Hello. My name is Maiko. I like melons and strawberries. I like Giants, Kyojin very much. Do you like Giants? Yes? And, I like *onsen*, a spa. Do you like *onsen*? Thank you.

[5] **授業案**

時	子どもの活動	担任の活動	留意（◎評価）
挨拶 (7)	1．挨拶をする。 　Hello. Mr. (Ms). Kamei. 　I'm sleepy. How are you? 2．担任の好きなことや好きなものについての話を聞き，質問に答える。	○笑顔で，大きな声で挨拶をする。 　Hello, everyone. How are you? 　I'm great, thank you. ○好きなことや好きなものについてのスモールトークをする。 ・「先生の好きなことやものは何ですか。」	・はっきり分かりやすいように話す。
導入 (15)	1．めあてを読んで確認する。 　好きなことやものの発表をしよう。 2．担任のモデルを聞く。 3．作成した好きなことやもののイラストと，発表する内容をまとめた紙を用意する。 4．ペアで発表の練習をする。	○本時のめあてを確認する。 　好きなことやものの発表をしよう。 ・スモールトークを再度聞かせる。 ・イラストを提示しながら言う。 ○前時までに作成した好きなことや好きなもののイラストと，発表する内容をまとめた紙を用意させる。 ○ペアで発表の練習をさせる。 ・教卓上にマイクを設置（評価のため）し，教室後方にビデオカメラをセットする。教卓横に，滞ることなく発表をさせるために3人の椅子を並べる。	・前時の復習をする。 ・何度も繰り返し言わせる。
展開 (20)	1．発表についての評価シートを受け取る。 2．評価シートに書かれている順に発表する。 ・発表前の3人は，教卓横の椅子に座り，順番を待つ。 3．全員が終了したら，評価シートを書き上げ提出する。	○発表についての評価シートを配布する。 ○評価シートに書かれている順に発表させる。 ・発表前の3人は，教卓横の椅子に座り，順番が来るまで，待たせておく。 ○全員が終了したら，評価シートを書き上げ提出させる。	◎みんなに伝わるように発表している。
振返 挨拶 (3)	1．振り返りシートを書く。 2．授業の感想を述べる。 3．挨拶をする。	○振り返りシートを書かせる。 ○子どもを指名し感想を述べさせる。 ○挨拶をする。	

【評価シート例】

	名　前	発表はどうでしたか。	好きなことを聞き取って書きましょう。
1		◎　○　△	

第4学年　子どもの発表を主体とする授業例（45分）

1. **単　元**　I want two apples.
2. **主　題**　買い物をしよう
3. **本時の目標と評価のポイント**（評価を行う）（4／4h）

(1)店員と客に分かれて，会話の発表をする。（思考・判断・表現）
(2)積極的に買い物の会話（スキット）を発表している。（態度）

4. **スモールトーク**（導入）一人二役

Hello. I want three oranges. How much? Two hundred yen? OK. And I want two cucumbers and three tomatoes. How much is total? Five hundred yen? OK. Here you are. Thank you.

5. **授業案**

時	子どもの活動	担任の活動	留意（◎評価）
挨拶 (7)	1. 挨拶をする。 Hello. Mr. (Ms). Hiruta. I'm great. How are you? 2. 買い物について聞き，質問に答える。	○笑顔で，大きな声で挨拶をする。 Hello, everyone. How are you? I'm good, thank you. ○買い物についてのスモールトークをする。 ・「先生は何を買いましたか。」	・はっきり分かりやすいように話す。
導入 (15)	1. めあてを読んで確認する。 買い物をしよう。 2. 買い物に関する表現を，担任の後について言わせる。 3. ペアになり，一方が客，他方が店の人になって，様々な売り買いの練習をする。	○本時のめあてを確認する。 買い物をしよう。 ○買い物に関する表現を，後について言わせる。 ○ペアになり，一方が客，他方が店の人になって，様々な売り買いの練習をさせる。	・前時の復習。 ・何度も繰り返し練習させる。
展開 (20)	1. くじを引く。 2. 1番の番号を引いた子ども2人を前に出させ，役割に応じて，買い物のやり取りを発表する。 ・順次，買い物をペアで披露する。 3. 評価シートを書き終えたら，提出する。	○くじを引かせる。 ・くじには，発表の順番と役割が書かれている。 ○1番の番号を引いた子ども2人を前に出させ，紙に書かれている役割に応じて，買い物のやり取りをさせる。 ・時間があれば，役割を交換して，2度目の買い物のやり取りをさせる。 ・事前に会話相手を知らせずに，急遽，発表前に相手を決めていることから，臨機応変な態度を見ることができる。 ○全員の評価シートを書き終えたら，回収する。	◎臨機応変に，会話に対応している。
振返 挨拶 (3)	1. 振り返りシートを書く。 2. 授業の感想を述べる。 3. 挨拶をする。	○振り返りシートを書かせる。 ○子どもを指名し感想を述べさせる。 ○挨拶をする。	

【評価シート例】ペアの場合

	名　前	役割に合わせて，会話していましたか。	元気にえがおで言えていましたか。	客が買ったものは何でしたか。その値段も書きましょう。
1		◎　○　△ -------- ◎　○　△	◎　○　△ -------- ◎　○　△	

第5・6学年 語彙・表現の定着を図る授業例

　英語の学習も3，4年目に入り，教科「外国語」として学習する場合には，中学年の「外国語活動」とは若干異なる指導が求められる。加えて，5年生や6年生ともなれば，知的レベルも上がり，単純なインプット活動では飽きるため，語彙や表現の指導にも工夫が必要になる。ただし，ここに至るまでの中学年での2年間の「外国語活動」で，しっかりと英語特有の音声やリズム，イントネーションに慣れ親しませてきていることが絶対条件となる。中学年の「外国語活動」で十分に音声の指導がなされていない場合には，5年生の授業においても，中学年の語彙や表現をスパイラルに指導していかなければならない。

　まず，5年生では，領域から教科になったとしても，「外国語活動」から大きく指導方法や指導内容を変更することはない。基本は音声中心から徐々に文字指導へと進むスタート地点と考えるべきであろう。したがって，中学年で語彙や表現の指導に使用してきたピクチャーカードをイラスト中心から，綴りも，ある程度大きく書かれたものを使うようにしたい。中学校では，イラストのない綴りだけのフラッシュカードを使うことから，次のようなピクチャーカード使用の流れを踏襲するとうまくいくことになる。（3年生）英語の綴りがなく，イラストのみのピクチャーカード→（4年生）英語の綴りがなくイラストのみのピクチャーカード，または，小さく綴りが書かれ，イラストが大きく描かれたピクチャーカード→（5年生）小さく綴りが書かれ，イラストが大きく描かれたピクチャーカード，または，大きく綴りが書かれ，イラストが小さいピクチャーカード→（6年生）大きく綴りが書かれ，イラストが小さいピクチャーカード→（中学校）綴りのみが書かれたフラッシュカード。この流れは，ほんの些細なことのようにも思われるが，英語という子どもにとっては異次元のことに感じられるものに対しては，教材・教具に対しても細心の注意を払い，スモールステップで難度を上げていくことが大切である。また，5年生では，ピクチャーカードと同様，文字に対する意識を持たせていくことが大切である。英語の発音やリズム，イントネーションに慣れ親しんできた子ども達にとっては，それほどハードルの高いことではない。子ども達の状況から判断して，文字や綴りをどの程度取り扱うのか考えていくことである。3・4年生でアルファベットの大文字や小文字に十分慣れ親しんでいる場合には，5年生では軽く触れ，次の段階の単語の綴りを音声とともに指導していく。一方，まだ文字に十分慣れ親しんでいないと判断される場合には，5年生で再度アルファベットの文字を繰り返し指導し，単語の綴りについては少し遅らせて指導するなど考えるべきであろう。あまり焦らず，教科書にあるからといって，教科書通りに指導して多くの子ども達をつまずかせては本末転倒である。つまり，ここでも子ども達に合わせたカリキュラム作りが求められる。もちろん，子どもの状況によっては，随時，カリキュラムの変更がなされることが，一人でも多くの子どもをつまずかせないためには大切なことである。

　6年生では，基本的には語彙から表現，つまり単語レベルから文レベルに読んだり書いたり

できるようにしたいものであるが，これも状況による。ここでも，決して忘れてはならないことは，音声とともに，読んだり書いたりさせることである。常に音声が基本である。綴りや文を書き写させる場合や，子ども自ら単語や英文を書く場合にも，音声とともに行うように指導を繰り返すことである。しかし，この場合でも，間違った発音をしながら英語を書いているのでは価値がない。例えば，「アップル」と発音しながら apple と綴るのでは，将来に渡って apple を「アップル」と日本語的な発音を繰り返すことになる。正しい発音で apple と綴れるよう，導入期からの音声，リズム，イントネーションの指導が一生を通じて重要になることを意識しておかなければならない。

次に，語彙や表現の指導の在り方をまとめる。ただし，ここでも，中学年で，しっかり英語特有の音声やリズム，イントネーションを身に付けている場合を想定している。そこまで至っていない場合には，無理をしないことも大切な点である。重要となるポイントは以下の通りである。

単純なインプットは短時間で行う

高学年の子ども達にとって，中学年で行われてきた単純な語彙の繰り返しや，幼稚な活動には興味や関心を示さなくなる。しかし，新出語彙や表現をインプットするためには，単純な語彙の繰り返し練習は避けては通れない。しかも，音声のみならず，徐々に綴りにも意識させていかなければならない。そこで，単語の繰り返しは短時間で済ませ，綴りを見せながら繰り返し発音させるなど，子どもの注意を喚起しながら練習させる工夫をすることである。つまり，語彙や表現の繰り返し行う指導では，（3・4年生）イラストによる単語のイメージと音の連結→（5年生）イラストと綴りと音の連結→（6年生）綴りと音の連結とを考えながら，徐々に高度化させていかなければならない。もちろん，高学年では中学年同様，多量にインプットすることは可能である。

単純な活動時間を増やす

中学年と比べて，インプットの時間を短くした分，単純な活動に十分な時間を費やしていきたい。これは，中学校で行われるパターン・プラクティスの過渡期と考えれば納得がいく。幼稚ではない，まさに言語活動の一環としての活動を組むことである。これができて，知的な思考活動へと進めることができる。

例えば，単語や表現を繰り返す練習では，5年生では，綴りが大きく書かれたカード（イラストは小さく描かれている）をペアに配布し，教師が発音するものを取り合わせる。また，6年生では，綴りのみが書かれているカード（イラストはない）を取り合わせるなど，指導と子どもの知的レベルに合わせて，教材も工夫する。また，グループで，カルタの要領でカードを取り合う際に，単語の読み手が，'p-e-a-c-h, peach' などと読ませるなど，単純ではあるが，しっかりと文字を意識させながら音声に慣れ親しむ練習も可能である。

第5学年　語彙・表現の定着を図る授業例（45分）

1 単　元　When is your birthday?
2 主　題　月日や誕生日を知ろう
3 本時の目標と評価のポイント（評価を行う）（1／8h）
(1)月の言い方に慣れ親しむ。（知識・技能）
(2)行事や祭りのある月について伝え合おうとしている。（態度）
4 スモールトーク（導入）

　　Hello. What's the date today? Yes, that's right. Today is January 14th. Today is my birthday. How old am I? 25 years old? 35 years old? 45 years old? It's a secret. Let's start English class.

5 授業案（下線部は語彙・表現の定着）

時	子どもの活動	担任の活動	留意 (◎評価)
挨拶 (7)	1．挨拶をする。 　Hello. Mr. (Ms). Yoshimoto. 　I'm great. How are you? 2．担任の話を聞き，質問に答える。	○笑顔で，大きな声で挨拶をする。 　Hello, everyone. How are you? 　I'm fine, thank you. ○今日の日についてのスモールトークをする。 ・「今日は何の日ですか。」	・ゆっくりはっきり分かりやすいように話す。
導入 (10)	1．めあてを読んで確認する。 　月の言い方や行事の月を知ろう。 2．担任のモデルを見る。 3．担任の後について，月（1～12）を発音する。 4．担任の後について，12月から1月までを発音する。	○本時のめあてを確認する。 　月の言い方や行事の月を知ろう。 ○月（1～12）のピクチャーカード（綴り入り）を見せながら発音する。 ○担任の後について発音させる。 ○反対に12月から1月までの順に，担任の後について発音させる。	・子どもが言えない場合にはモデルを示す。
展開 (25)	1．指名された子どもは，生まれた月を英語で答える。 2．ペアで生まれた月を尋ね合う。 3．モデルを見る。 4．ペアになり，カードを提示する役と，そのカードを見て，それが行われる月を答える役に分かれて，月当て活動を行う。 5．四線紙に，教科書を参考に，生まれた月を書き写す。	○音声に慣れたら，子ども数人に，生まれた月を尋ねる。 ・What is your birthday month? ・It's January. ○モデルを参考に，ペアで生まれた月を尋ね合わせる。 ○行事や祭りの写真やイラストを見せ，行われる月を尋ねる。 ・チョコレートを渡す→February　等 ○ペアに行事や祭りのカード12枚を配布し，月当て活動をさせる。 ○四線紙を配布し，自分の生まれた月を，教科書を参考に，書き写させる。	◎書き写すことができているか。
振返 挨拶 (3)	1．振り返りシートを書く。 2．授業の感想を述べる。 3．挨拶をする。	○振り返りシートを書かせる。 ○子どもを指名し感想を述べさせる。 ○挨拶をする。	

第6学年　語彙・表現の定着を図る授業例（45分）

1. **単　元**　He is great. She is kind.
2. **主　題**　友達など第三者の紹介
3. **本時の目標と評価のポイント**（評価を行う）（1／8h）

(1) 自分や友達などの第三者の紹介ができる。（知識・技能）
(2) 相手に配慮しながら，第三者のことについて話し合おうとしている。（態度）

4. **スモールトーク**（導入）

　Hello. This is my dog. His name is Chako. He is very cute. He is very brave. He can run fast. He can dance very well. So I like him very much. Do you have a pet?

5. **授業案**（下線部は語彙・表現の定着）

時	子どもの活動	担任の活動	留意（◎評価）
挨拶 (7)	1．挨拶をする。 　Hello. Mr. (Ms). Tanaka. 　I'm hungry. How are you? 2．ペットについて聞き，質問に答える。	○笑顔で，大きな声で挨拶をする。 　Hello, everyone. How are you? 　I'm so-so, thank you. ○ペットについてのスモールトークをする。 ・「チャコは何ができますか。」	・はっきり分かりやすいように話す。
導入 (15)	1．めあてを読んで確認する。 　友達を紹介する言い方を知ろう。 2．担任の話を聞いて，それが誰のことか当てる。 ・He is Otani Shohei. ・She is Kihira Rika. 3．担任の示す写真を見ながら，英文を繰り返す。 4．担任の示すピクチャーカードを見ながら繰り返す。 ・kind, cute, great, nice, shy, famous, brave, strong, cool	○本時のめあてを確認する。 　友達を紹介する言い方を知ろう。 ○ある人物について英語で説明し，それが誰かを当てさせる。 ・He is very famous. He is a baseball player in U.S.A. He is from Iwate. ・She is very famous and cute. She can skate very well. She is from Hyogo. ○校内の先生方の写真を見せながら，英文を繰り返させる。 ・She is Kamei Yui sensei. ・He is Kiyama Takahiro sensei. ○人を表す形容詞のピクチャーカード（綴りは大きく，イラストは小さく）を示しながら発音し，繰り返し発音させる。	・大きな声で発音させる。
展開 (20)	1．ペアで，一方が相手に写真を指し示し，他方がその人物について説明する。 ・交代して繰り返す。 ・He is Hiruta Isao sensei. He is cool. 2．代表の子どもの発表を聞く。 3．4人グループで，ペア紹介を他のメンバーに行う。 ・She is Tanaka Mayumi. She is kind.	○ペアに校内の先生や有名人の（カードサイズの）写真を配布し，一方が写真を指し示し，他方に名前や性格などを説明させる。 ○数名の子どもを指名し，担任が示す写真の人物の名前と性格などを発表させる。 ○4人グループになり，1人ずつ，ペアの友達の名前と性格などを他のメンバーに説明させる。	・形容詞のピクチャーカードは黒板に貼っておく。 ◎積極的にペアを紹介している。
振返 挨拶 (3)	1．振り返りシートを書く。 2．授業の感想を述べる。 3．挨拶をする。	○振り返りシートを書かせる。 ○子どもを指名し感想を述べさせる。 ○挨拶をする。	

8

第5・6学年 **子どもに考えさせることを重視した授業例**

　高学年ともなると，単純な繰り返し練習や，一見お遊びのようなゲームには興味を示さなくなるものである。そこで，中学年から徐々に子ども達に考えさせる活動を組んでいき，さらに高学年では，より負荷をかけた知的な活動を組んでいかなければならない。まさに，fun な活動から，interesting な活動を通した言語活動にしていくことが求められる。学習指導要領の解説書の中に，「思考力，判断力，表現力等」については，「外国語を通じて，身近で簡単な事柄について，音声で十分に慣れ親しんだ外国語の語彙や基本的な表現を推測しながら読んだり，語順を意識しながら書いたりするとともに，聞いたり話したりして自分の考えや気持ちなどを伝え合う基礎的な力を養うことが求められている。」とある。また，「具体的な課題を設定し，コミュニケーションを行う目的や場面，状況等に応じて，既得の知識や経験と，他者から聞き取ったり，掲示やポスター等から読み取ったりした情報を整理しながら自分の考えなどを形成することが必要である。」とある。具体的には以下の内容である（下線は筆者）。

　①自分のこと，友達や家族，学校生活などの身近で簡単な事柄について，コミュニケーションの目的や場面，状況等に応じて内容を<u>整理した上で</u>，簡単な語句や基本的な表現の中から<u>適切なものを選び</u>，<u>自分の考えや気持ちなどを伝え合うこと</u>。

　②自分のこと，友達や家族，日常生活について，絵や写真等，言語外情報を伴って示された簡単な語句や基本的な表現を<u>推測しながら読んだり</u>，<u>語順を意識しながら書いたりすること</u>。

　以上から分かるように，中学年とははるかに異なる高度な知的活動が求められている。

　例えば，①の下線部から，会話などのやり取りにおいて，様々な情報を集約，整理し，今まで学習してきた語句や表現から適切なものを選び出し，相手に伝えていくことが求められている。具体的には，以下の会話を参考にする。

　A：What do you want to be?
　B：I want to be a baseball player.
　A：Why?
　B：I like to play baseball. I want to play baseball in U.S.A.
　A：Do you like English?（アメリカで活躍するには英語が不可欠であることを分かっている）
　B：Yes, I do. I want to study English very much.（英語が必要であることが分かっている）

　限られた既習の語彙や表現で，お互いに理解し合いながら，話を続けていく技能が求められている。

　また，②の下線部から，様々な情報や文化背景などから，何が書かれているかを推測して読んだり，語順を考えながら書いていくことが求められている。

　では，具体的にどのような指導が求められているのかまとめてみる。

「聞くこと」「話すこと」における考えさせる指導例

　高学年では，中学年に比べて，語句や表現の自由度を広げることで，子ども達に考えさせる場面を増やし，深い思考につなげることができる。具体的に見てみる。

　例えば，レストランでの会話を想定する。通常，決められた会話のパターン（スキット）が提示され，それに従って，好きな食べ物を店員に伝えたり，値段を尋ねたりしている。これでは，あまり考える場面もなく，中学年程度の思考パターンで十分に対応できる。そこで，これを大胆に変え，店員がメニューを客に渡すところから始め，自由に会話をさせることで，既習の表現を使ったり，聞き返したりと臨機応変な運用能力を要求する。決められた会話のパターンになっていない分，相手が何を言ってくるのかが分からず，注意して聞いていなければならない。

　A：This is the menu. Here you are.
　B：Thank you.（メニューは日本語で書かれている）
　　　What's this?（焼き魚を指し示しながら）
　A：It's grilled fish.
　B：Ok, this one please.

　このような会話は，語句や表現がある程度インプットされていれば難しいことではなく，完璧な会話は求めず，考えながらどの語句や表現を利用すれば相手に伝わるのかを求める。

「読むこと」「書くこと」における考えさせる指導例

　「読むこと」においては，例えば，以下の文書（夏休みの思い出）を提示し，未習の語句を推測しながら，書いた人の意向を考えさせるなどの活動ができる。

Hello. I went to the sea with my family. We saw many <u>shells</u>. My mother made a <u>necklace</u> with shells for me. It was very beautiful. It's my <u>treasure</u>. Thank you.

　下線部の語が未習であった場合，これらを，状況に合わせて，個人やペア，グループなどで，どのようなことが書かれているかを考えさせたり，話し合わせたりすることで，知的に英文を読む楽しさを体験させることができる。

　また，「書くこと」においては，様々な語句のカード（既習の語句）を数十枚グループに配布して，いくつ表現ができるか競わせたり，それらを使って文章や会話文を創作させたりする。例えば，以下のカードを配布し，夏休みの思い出の文章を作らせる。

I	I	We	We	my	My	My	many	family	mother	father	to	good	a	a	the	time	ate
ate	ate	went	enjoyed	had	was	very	It	exciting	Disneyland	attractions	spaghetti
pizza	hamburger	with

・I went to the Disneyland with my family. It was very exciting. We enjoyed many attractions. I ate pizza. My father ate spaghetti. My mother ate a hamburger. We had a good time.

第5学年　子どもに考えさせることを重視した授業例（45分）

1. **単　元**　What do you have on Mondays?
2. **主　題**　今日の時間割を言ってみよう
3. **本時の目標と評価のポイント**（評価を行う）（2／8h）

(1)教科について言ったり聞いたりすることができる。（知識・技能）

(2)時間割について，尋ねたり答えたりする。（思考・判断・表現）

4. **スモールトーク**（導入）

　　Hello. Today, we have English, math, science, P.E., Japanese and social studies. Do you like science? Do you like social studies?（数人に尋ねる）What subject do you like?（数人に尋ねる）Thank you.

5. **授業案**（下線部は考えさせる場面）

時	子どもの活動	担任の活動	留意（◎評価）
挨拶 (7)	1．挨拶をする。 　Hello. Mr. (Ms). Satoh. 　I'm fine. How are you? 2．担任の時間割についての話を聞き，質問に答える。	○笑顔で，大きな声で挨拶をする。 　Hello, everyone. How are you? 　I'm good, thank you. ○時間割についてのスモールトークをする。 ・「田中君は理科が好きでしたか。」	・はっきり分かりやすいように話す。
導入 (15)	1．めあてを読んで確認する。 　時間割について友達と伝え合おう。 2．担任の発音の後について教科名と曜日を発音する。 3．ワークシートを受け取り，担任の説明を聞く。 4．ペアでクイズを出し合う。	○本時のめあてを確認する。 　時間割について友達と伝え合おう。 ○教科名と曜日のピクチャーカードを見せ，繰り返し発音させる。 ○クラスの時間割のワークシートを全員に配り，クイズの説明をする。 ・Do you have <u>science</u> on <u>Friday</u>? ○ペアでクイズを5問出し合わせる。	・前時の復習 ・説明をしっかり聞かせる。
展開 (20)	1．クラス全体で，What subject do you like? を使って，制限時間内にできるだけ多くの友達に尋ねる。 2．インタビューから分かったことを発表し，最も人気のある科目を答える。 3．5人グループになり，配布されたカード30枚を，グループで考えながら，時間割シートに貼り付ける。 4．<u>グループで，1人1つの曜日の時間割を発表する。その際，その特徴や感想を1文加えて言う。</u>	○クラス全体で，What subject do you like? の表現を使って，制限時間内にできるだけ多くの友達に尋ねさせる。 ○インタビューから分かったことを発表させる。また，最も人気のある科目は何か答えさせる。 ○5人グループになり，グループに教科カード1セット（10科目×3枚）配布し，5日×6時間の時間割を考え，シートに貼り付けさせる。 ○グループで，1人1つの曜日の時間割を全体の前で発表させる。その際，時間割の特徴や感想を1文加えて言わせる。	・できるだけ多くの子どものデータを取らせる。 ◎みんなに伝わるように話すことができる。
振返 挨拶 (3)	1．振り返りシートを書く。 2．授業の感想を述べる。 3．挨拶をする。	○振り返りシートを書かせる。 ○子どもを指名し感想を述べさせる。 ○挨拶をする。	

第6学年　子どもに考えさせることを重視した授業例（45分）

1 単　元　I like my town.

2 主　題　自分の住んでいる町を紹介しよう

3 本時の目標と評価のポイント（評価を行う）（7／8h）

(1) 自分の町について説明する文を読んだり書いたりする。（思考・判断・表現）
(2) 自分の町について，積極的に発表する。（態度）

4 スモールトーク（導入）

　　Hello. My town is Kitakami. I like my town. My town has a lot of nature. We have a clear river. I played in the water. Do you like your town? Thank you.

5 授業案（下線部は考えさせる場面）

時	子どもの活動	担任の活動	留意（◎評価）
挨拶 (7)	1．挨拶をする。 　Hello. Mr. (Ms). Tajiri. 　I'm hungry. How are you? 2．自分の住んでいる町についてのスモールトークを聞き，質問に答える。	○笑顔で，大きな声で挨拶をする。 　Hello, everyone. How are you? 　I'm tired, thank you. ○自分の住んでいる町についてのスモールトークをする。 ・「先生の住んでいる町は何がいっぱいありますか。」	・はっきり分かりやすいように話す。
導入 (20)	1．めあてを読んで確認する。 　自分の町を紹介する文を書こう。 2．パワーポイントの英文を見ながら，担任の音読を聞く。 3．担任の後に続いて，音読をする。 ・担任のモデルを真似て音読する。 4．ペアになって，相手にパワーポイントの英文を読み聞かせする。	○本時のめあてを確認する。 　自分の町を紹介する文を書こう。 ○教科書にある英文をパワーポイントで映し出し，モデルを示す。例えば， 　Kyoto is my hometown. 　I like my hometown. 　We have many temples. 　We have beautiful nature. 　We don't have an amusement park. ○ペアになって，パワーポイントの英文を読み聞かせさせる。	・モデルを真似ながら読むように何度も注意する。 ◎真似て読んでいる。
展開 (15)	1．担任の説明をよく聞き，パワーポイントで示されている文書を参考に，スピーチ原稿をノートの四線に書く。 2．できあがった原稿をペアで交換し，お互いに間違いなどを指摘する。 ・指摘された箇所を確認し，文書を直す。 3．4人グループになり，1人ずつ，できあがった原稿を，他の子ども達に読んで聞かせる。 ・4人でそれぞれの原稿について，改善点を話し合う。	○スピーチ原稿を書かせる。その際，導入で練習した文章を使って説明する。 　Kyoto is my hometown. 　I like my hometown. 　We have many temples. 　We have beautiful nature. 　We don't have an amusement park. ○できあがった原稿をペアで交換させ，お互いに間違いなどを指摘させる。 ・指摘された箇所を確認し，文書を直させる。 ○4人グループにし，1人ずつ，できあがった原稿を，他の子ども達に読んで聞かせる。 ○4人でそれぞれの原稿について，改善点を話し合わせる。	・困難を感じている子どもには，英文を写させ，その後に，下線部を消し，新たに語句を入れさせる。 ◎原稿を伝わるように読んでいる。
振返 挨拶 (3)	1．振り返りシートを書く。 2．授業の感想を述べる。 3．挨拶をする。	○振り返りシートを書かせる。 ○子どもを指名し感想を述べさせる。 ○挨拶をする。	

第5・6学年 クリル（CLIL）を用いた授業例

　クリル（CLIL）については，先の第3，4学年の項でも記した。つまり，Content（指導内容），Communication（言語技能・表現力），Cognition（判断力・思考力），Culture（国際理解）を重視し，教科的内容などについて英語を使って学習することである。これは，既に教科横断型または，クロスカリキュラムとして学習指導要領にも明記されており，私も，既に2012年に以下の著書を上梓している。

> 『子どもの作品を生かした楽しい外国語活動―図画工作と外国語活動の協働―』
> 　　　　　　　　　　菅正隆・奥村高明（サクラクレパス出版部）2012.11.1

　これは，外国語活動の教材として，図画工作科で作成した作品を教材として活用したり，外国語活動の中で図画工作の作成課程を体験したりすることなどがまとめられている。子ども達にとって，普段使う機会のない英語を学ぶことには，現実味が湧かないのは当然である。したがって，学習意欲も高まらず，英語嫌いを生んだり，集中力に欠ける子ども達を増加させることになる。そこで，子ども達に興味ある内容を提示し，今まで聞き流していた英語を，積極的に楽しく理解しようとさせる必要がある。単にクリルだからといっても，子ども達が興味を持たない内容は避けるべきである。理科や社会，家庭科や体育でも，子どもの興味に合ったものを取り上げるべきである。

　また，高学年では，「読むこと」「書くこと」が取り入れられるので，クリルでは広範な指導が可能になる。

　例えば，遠足などで，水族館のイルカショウを見に行くこととする。この場合，外国語の授業で，イルカの生態を理解させてから，水族館で見学させると興味，関心も高くなるであろう。このように，教科，行事，そして英語に触れることで，様々な効果が期待できる。

　そこで，次のような英文を用意する（中学校1年生の教科書より）。

> 笹森さんが，室蘭沖で研究しているイルカの写真を見せてくれます。
>
> *Ms.Sasamoi:* These are some pictures of dolphins.
> 　　*Mike:* Wow! This is a great picture.
> *Ms.Sasamoi:* Dolphins sometimes jump very high.
> 　　　　　　They're really amazing.
> 　　*Mike:* When do they come to Muroran?
> *Ms.Sasamoi:* In summer.
> 　　　　　　They eat fish and raise their babies there.
> 　　　　　　I love this wonderful ocean and our friends in it.
>
> 　　　　　　　　　　『SUNSHINE ENGLISH COURSE 1』（開隆堂出版）

　クリルの授業で注意したい点は，第3・4学年で述べた点に加え，次の点にも配慮したい。

外国語の授業はどうあるべきか

　クリルでは，content based（内容重視）の考え方が重要である。外国人力士が流暢な日本語を話すように，日本のスポーツ選手も流暢な英語を話す時代になった。それは，自分の興味のあることについて聞いたり話したりしているからである。これに関しては，『日本人の英語力―それを支える英語教育の現状―』菅正隆（開隆堂出版，2010）で次のように書いている。

> 　生徒はよく，「なぜ，日本人なのに英語を勉強するのか」と訊く。それに対して先生方は「入試があるから」「英語が話せたら多くの国の人とコミュニケーションが取れるから」などと子ども達にとっては釈然としない理由を言う。
> 　最近の生徒は，「英語」を，学校での「勉強としての英語」と歌やスポーツを通しての「fashion としての英語」とに分けて考えている。前者は入試のためや，教科書のノルマをこなすための授業の中での存在で，その主体者は英語教師である。一方後者は up-tempo の曲の歌手であり，流暢な英語（外国語）で話すスポーツ選手が主体者である。例えば，宇多田ヒカルであり，ハンマー投げの室伏広治，滑らかなイタリア語も話す中田英寿である。明らかに20世紀の「英語」に対する感覚とは変わりつつある。しかし，このままでは「勉強としての英語」と「fashion として英語」の溝はますます深まる。よく，生徒たちに，「英語を話せる人をどう思うか」と尋ねると，「カッコいい」と答える。また，インターネットで自由に英語を使いこなしている人もカッコよく見えるらしい。ここがポイントである。これからは，学校の英語でもナマの英語でカッコよいと感じさせることである。

　つまり，英語の授業は内容を含めて，カッコよくなるための準備であるとのイメージを持たせることが大切である。

取り扱う内容を精査すること

　クリルの授業では，5・6年生の理科や社会の教科書では次の内容を教えることができる。

（理科）

○第5学年

　・花のつくり（flower）　・台風と気象情報（typhoon）　・ふりこのきまり（pendulum）

○第6学年

　・ヒトと動物の体（animal body）　・月や太陽（moon, sun）　・自然とともに生きる（nature）

（社会）

○第5学年

　・日本の国土と人々のくらし（the land of Japan）

　・わたしたちの食生活と食料生産（eating habits）

○第6学年

　・日本の歴史（the history of Japan）　・日本とつながりの深い国々（world countries）

第5学年　クリルを用いた授業例（45分）

1. **単　元**　I like Japan.
2. **主　題**　日本の国土と人々のくらし
3. **本時の目標と評価のポイント**（評価を行う）（1／8h）
   (1) 日本の地域や食べ物，行事などについて言ったり聞いたりできる。（知識・技能）
   (2) 自分の好きな日本の地域や食べ物について伝え合ったりする。（思考・判断・表現）
4. **スモールトーク**（導入）

   Hello. Japan has 47 prefectures. Hokkaido, Aomori, Iwate, Akita…. I like Japan very much. We have delicious foods in Japan. I like sushi and sukiyaki. Do you like Japanese foods?

5. **授業案**（下線部はクリル）

時	子どもの活動	担任の活動	留意 （◎評価）
挨拶 (7)	1. 挨拶をする。 　Hello. Mr. (Ms). Kimura. 　I'm hungry. How are you? 2. 担任の好きな日本食についての話を聞き，質問に答える。	○笑顔で，大きな声で挨拶をする。 　Hello, everyone. How are you? 　I'm super, thank you. ○担任の好きな日本食についてのスモールトークをする。 ・「先生の好きな日本食は何ですか。」	・はっきり分かりやすいように話す。
導入 (20)	1. めあてを読んで確認する。 　日本のことについて知ろう。 2. 北海道，東北，関東，上信越の県について，地図を見ながら，担任のモデルの後について発音する。 3. 担任の質問に答える。 4. 担任の説明を聞く。	○本時のめあてを確認する。 　日本のことについて知ろう。 ○北海道，東北，関東，上信越の県について，地図を見ながら，繰り返させる。（状況により，地域の増減を図る） ・発音する際，英語読みに徹する。(Hokkaido, Aomori, Iwate, Akita….) ○都道府県の名物について質問する。 ・What is Hokkaido famous for? ○各都道府県の名物について説明する。	・日本地図を用意する。 ・何度も繰り返す。
展開 (15)	1. ペアで県ごとのカードを英語で都道府県名を言いながら，地図をつなぎ合わせる。 2. 地図が正しくつなぎ合わせているか確認する。 3. つなぎ合わせた地図を参考に，ペアでクイズを出し合う。 4. 4人グループになり，各都道府県の名物当てクイズをする。 5. 4人グループで，好きな県について，尋ね合う。	○県ごとのカードを配布し，英語で都道府県名を言いながら，地図をつなぎ合わせさせる。 ○地図が正しくつなぎ合わせられているか確認する。 ○つなぎ合わせた地図を参考に，ペアでクイズを出し合わせる。 ・Aomori prefecture → apple ・Yamagata prefecture → cherry ○4人グループになり，同じく，各都道府県の名物当てクイズをさせる。 ○4人グループで，好きな県について，尋ね合わせる。	◎積極的に尋ねたり答えたりしている。
振返 挨拶 (3)	1. 振り返りシートを書く。 2. 授業の感想を述べる。 3. 挨拶をする。	○振り返りシートを書かせる。 ○子どもを指名し感想を述べさせる。 ○挨拶をする。	

第6学年　クリルを用いた授業例（45分）

1 単元 The human body

2 主題 ヒトの体の特徴

3 本時の目標と評価のポイント（評価を行う）（4／8h）

(1)人間の五感について知ることができる。（知識・技能）
(2)人間の五感について，聞いたり話したりする。（思考・判断・表現）

4 スモールトーク（導入）

　Hello.　Today, I will talk about human senses.　We have five senses.　Hearing, sight, smell, taste, and touch.　They tell you what is happening around your body by sending messages to your brain.　Thank you.

5 授業案（下線部はクリル）

時	子どもの活動	担任の活動	留意（◎評価）
挨拶 (7)	1．挨拶をする。 Hello.　Mr. (Ms). Iwai. I'm good.　How are you? 2．人間の五感について聞き，質問に答える。	○笑顔で，大きな声で挨拶をする。 Hello, everyone.　How are you? I'm so-so, thank you. ○人間の五感についてのスモールトークをする。 ・「五感にはどんなものがありますか。」	・はっきり分かりやすいように話す。
導入 (20)	1．めあてを読んで確認する。 　人間の五感について知ろう。 2．人間の体の部分のピクチャーカードを見て，担任の発音を聞きながら，繰り返す。 3．ペアになり，一方が体の部位を指し示し，相手がその部分を英語で言う。 4．指名された子どもは，質問に答える。 ・To see. ・To walk.	○本時のめあてを確認する。 　人間の五感について知ろう。 ○人間の体の部分について，ピクチャーカードを示しながら発音し，繰り返し発音させる。 ・body, head, hair, eye, ear, nose, lip, mouth, chin, cheek, tongue, neck, shoulder, chest, arm, hand, thumb, waist, leg, knee, foot, heel, toe ○ペアになり，一方が体の部位を指し示し，相手に答えさせる。 ・A：What's this?　— B：It's a lip. ○体の部位を指し示しながら，次の質問をする。 ・（目を指しながら）What is this for? ・（足を指しながら）What is this for?	・前時の復習 ・積極的に尋ね合わせる。
展開 (15)	1．五感についての担任の説明をしっかり聞く。 2．4人グループに分かれて，五感について話し合う。 3．4人グループで，1人1つの感覚を担当し，それに関するクイズを出し合う。例えば，touch担当は，ブラックボックスを用意する。	○五感について，聞き取りをさせる。 ・Your <u>ears</u> hear something. ・Your <u>eyes</u> see something. ・Your <u>nose</u> smells something. ・Your <u>tongue</u> tastes something. ・You feel with the <u>skin</u> on your fingers. ○4人グループに分かれて，五感について話し合わせる。どの部位で，何を感じ取るのか等。 ○4人グループに分かれ，1人1つの感覚を担当し，それに関するクイズを出させる。例えば，hearing担当は，用意した不思議な音を聞かせ，何か答えさせる。 ・味に関しては避ける。	 ・しっかり話し合わせる。 ◎しっかりと準備してきている。
振返 挨拶 (3)	1．振り返りシートを書く。 2．授業の感想を述べる。 3．挨拶をする。	○振り返りシートを書かせる。 ○子どもを指名し感想を述べさせる。 ○挨拶をする。	

第5・6学年 プロジェクト学習を重視した授業例

　プロジェクト学習については，3・4年生のところで詳しく述べてきた。そこでは，「聞くこと」「話すこと」についてのプロジェクト学習であったが，5・6年生では，「読むこと」「書くこと」も求められている。では，5・6年ではどのように取り扱えばよいのであろうか。

　例えば，5・6年のスピーチ発表では，事前に原稿を子どもが書くことになる。そして，それを読んだり暗記したりして発表することになる。この行為には，すでに「書くこと」と「読むこと」が含まれている。これらから分かるように，ゴールの設定にスピーチなどの発表を入れる場合には，2つの技能が含まれることになる。そこで，例えば，「夏休みの思い出を発表する」とゴールの活動を設定した場合，以下の授業の流れが想定される（バックワードで）。

〈Goal：夏休みの思い出（My summer vacation）のスピーチ（本番）〉
　7：リハーサル（ペアやグループでの練習）
　6：スピーチ原稿の作成とペアでの確認
　5：スピーチ原稿の作成
　4：モデルになるスピーチ原稿の音読と内容把握
　3：場所や行事，食べ物に関する語彙や表現の活動
　2：場所や行事，食べ物に関する語彙や表現の学習と活動
　1：場所や行事，食べ物に関する語彙や表現の学習

　また，都道府県を紹介するプレゼンテーションを行う場合には，以下の授業の流れが想定される。

〈Goal：都道府県のプレゼンテーション（本番）〉
　7：リハーサル（ペアやグループでの練習）
　6：スピーチ原稿の作成とペアでの確認
　5：インターネットを利用した調べ学習
　4：プレゼンテーションのモデル確認とプレゼンテーションの在り方の学習
　3：都道府県と名物についての活動
　2：都道府県と名物についての学習と活動
　1：都道府県と名物についての学習

　次に，年賀状を作成することをゴールの活動とした場合には，以下の流れが想定される。

〈Goal：年賀状完成と貼り付け（最終）〉
　7：年賀状作成
　6：年賀状作成のための準備
　5：インターネットにより，海外の年賀状の情報収集
　4：海外の様々なカードを読む活動

3：年末年始の行事に関する語彙や表現の活動
　2：年末年始の行事に関する語彙や表現の学習と活動
　1：年末年始の行事に関する語彙や表現の学習
　次に，プロジェクト学習で注意しなければならない点は以下の通りである。

「読むこと」をゴールの活動にした場合

　例えば，スピーチなどの原稿を読む場合には，何度も語彙や表現の音読を繰り返し練習させることである。英語らしい発音は一朝一夕には身に付くものではない。当然，中学年で英語特有のリズムやイントネーションに慣れ親しんできている場合には，特に問題はなく教師のモデルを真似ながら発音することは容易ではあるが，一方，あまり身に付いていない場合には，音読練習に多くの時間を要したい。

　また，発表の際には，原稿を見続けることは避け，read and look up の手法でスピーチをするように伝え，他の子ども達が理解できるように大きな声でゆっくりはっきりと言うことを意識させるようにしたい。そのために，発表が高レベルの活動であることを常々子ども達に理解させておくことが，授業の成功と子ども達の能力向上に直結するものである。

「書くこと」をゴールの活動にした場合

　「書くこと」による作品などを最終ゴールに設定した場合に問題となるのは，英語の間違いなどを訂正するかどうかである。先の年賀状を作成させる場合には，その作品が展示物となると，英語の間違いが公に晒されることになる。この点をどうするかである。また，スピーチにしても間違いだらけの原稿を読んでも，効果どころか意味のない活動になりかねない。通常，聞くことや話すことの活動では，英語の間違いを指摘したり訂正したりすることは小学校ではあまり行わない。また，書いたものを教師が回収してチェックする場合も全て直すことはしない。しかし，子ども達の間違いのある作品をそのまま展示させるのか，間違いだらけの発表をそのままさせるのかである。

　結論としては，小学校では，正しく書くことまでは求められていないので，スピーチ原稿はある程度教師が直してから発表させることで十分である。というのも，聞く側の子ども達に間違った語彙や表現がインプットする危険性は低いからである。また，全て正しく書き直して，発表させることは大切ではあるが，それ以上に，自分の作成したものを発表させることの方に意義があるからである。書いた作品を展示する場合にも，全ては直さずに，ペアやグループで訂正し合いながら書き直させたものを展示することが大切である。

中学校につなげるために

　中学校の授業では，多くの場合，プロジェクト型学習が取り入れられていることから，小学校でもプロジェクト学習の授業を構成することで，小学校と中学校との指導方法での連携が図られることになる。

第5学年　プロジェクト学習を重視した授業例（45分）

1. **単　元**　What time do you get up?
2. **主　題**　一日の生活を発表しよう
3. **本時の目標と評価のポイント**（評価を行う）（7／8h）
   (1)自分の一日の生活についてスピーチ原稿を書いてまとめる。（思考・判断・表現）
   (2)スピーチをイメージしながらみんなが分かりやすい原稿を書こうとしている。（態度）
4. **スモールトーク**（導入）

   Hello. I'll talk about my daily life. I usually get up at 6:00. I have breakfast at 6:30. I go to school at 7:00. I have lunch at 12:30 with you. I spend all day at school. I usually go home at 6:00. I have dinner at 7:00 with my family. And, I go to bed at 11:00. Thank you.

5. **授業案**

時	子どもの活動	担任の活動	留意（◎評価）
挨拶 (7)	1．挨拶をする。 　Hello. Mr. (Ms). Fukuta. 　I'm hungry. How are you? 2．担任の一日の生活についての話を聞き，質問に答える。	○笑顔で，大きな声で挨拶をする。 　Hello, everyone. How are you? 　I'm tired, thank you. ○一日の生活についてのスモールトークをする。 ・「先生は何時に寝ますか。」	・ゆっくりはっきり分かりやすいように話す。
導入 (10)	1．めあてを読んで確認する。 　スピーチの準備をしよう。 2．担任の後について，一日の生活に関する表現を発音する。 3．ペアになり，黒板に貼ってあるピクチャーカードを参考にして，時間などを自分の生活に合わせて変え，話し合う。	○本時のめあてを確認する。 　スピーチの準備をしよう。 ○一日の生活に関する表現についてピクチャーカード（綴り入り）を見せながら発音する。 ○黒板に貼ってある一日の生活についての表現を参考に，ペアで自分の生活に当てはめて，話し合わせる。	・前時の復習をする。 ・子どもが言えない場合にはモデルを示す。
展開 (25)	1．担任の説明を聞く。 2．英語のノートを出す。 3．ノートに一日の生活についてのスピーチ原稿を書く。 4．ある程度書いた段階で，ペアで確認し合う。 ・語句や表現についてペアで比較しながら確認する。 5．続きの原稿を書く。 6．グループでそれぞれの原稿を確認する。 7．スピーチ原稿を完成する。	○次の時間に行うスピーチの発表について説明する。 ○ノートを出させる。 ○ノートに自分の一日の生活についてのスピーチ原稿を書かせる。 ○ある程度書いた段階で，ペアで確認し合わせる。 ・語句や表現についてペアで比較しながら確認させる。 ○続きの原稿を書かせる。 ○グループで，それぞれの原稿を確認させる。 ○スピーチ原稿を完成させる。	・しっかり聞かせる。 ・訂正に時間をかける。 ◎友達の意見も参考に，完全原稿が作成できている。
振返 挨拶 (3)	1．振り返りシートを書く。 2．授業の感想を述べる。 3．挨拶をする。	○振り返りシートを書かせる。 ○子どもを指名し感想を述べさせる。 ○挨拶をする。	

第6学年　プロジェクト学習を重視した授業例（45分）

①　単　元　My Best Memory

②　主　題　小学校の思い出を発表しよう

③　本時の目標と評価のポイント（評価を行う）（8／8h）

(1) 6年間の小学校の思い出のスピーチをする。（思考・判断・表現）

(2) 明るく元気よく，みんなに伝わるようなスピーチをしている。（態度）

④　スモールトーク（導入）

　Hello. My best memory was our school trip. We went to Tokyo. It was very exciting. We went to Kokkaigijido, the Diet Building, Koukyo, The Imperial Palace, and Tokyo Disneyland. We had a good time. Did you enjoy it? Thank you.

⑤　授業案（下線部は語彙・表現の慣れ親しみ）

時	子どもの活動	担任の活動	留意（◎評価）
挨拶 (7)	1. 挨拶をする。 Hello. Mr. (Ms). Okuda. I'm super. How are you? 2. 担任の小学校の思い出について聞き，質問に答える。	○笑顔で，大きな声で挨拶をする。 Hello, everyone. How are you? I'm fine, thank you. ○小学校の思い出についてのスモールトークをする。 ・「どこに行ったと言っていましたか。」	・はっきり分かりやすいように話す。
導入 (7)	1. めあてを読んで確認する。 　小学校の思い出を発表しよう。 2. 担任の後について，小学校の行事の言い方を繰り返す。 3. ペアで，スピーチの最後の準備として，読み聞かせをする。	○本時のめあてを確認する。 　小学校の思い出を発表しよう。 ○小学校の行事を繰り返す。 ・volunteer day, entrance ceremony, summer vacation, graduation ceremony, speech contest, summer camp, sports day, drama festival, music festival, field trip, school trip, marathon, swimming meet ○ペアで，スピーチの最後の準備として，読み聞かせをさせる。	・前時の復習をする。 ・大きな声で練習させる。
展開 (28)	1. スピーチの評価表を受け取る。 2. 評価シートの順にスピーチを行わせる。 ・発表を聞きながら，評価シートに記入する。 3. 担任のコメントを聞く。	○スピーチの評価シートを配布する。 ○評価シートの順にスピーチを行わせる。 ○発表を聞きながら，評価シートに記入させる。 ○スピーチ個々に，簡単なコメントを入れる。 ○スピーチ全体を通したコメントをする。	◎みんなに伝わるスピーチができている。
振返挨拶 (3)	1. 振り返りシートを書く。 2. 授業の感想を述べる。 3. 挨拶をする。	○振り返りシートを書かせる。 ○子どもを指名し感想を述べさせる。 ○挨拶をする。	

【評価シート例】

	名　前	言っていることが分かりましたか。	声がよく聞き取れましたか。	元気にえがおで言えていましたか。	思ったことを書きましょう。
1		◎　○　△	◎　○　△	◎　○　△	
2		◎　○　△	◎　○　△	◎　○　△	

第5・6学年 「読むこと」を重視した授業例

　「読むこと」は，主に高学年から取り扱うことになる。このことは，学習指導要領の解説において以下のように記されている。「『聞くこと，読むこと，話すこと，書くことによる実際のコミュニケーションにおいて活用できる基礎的な技能を身につけるようにする』とは，中学年の外国語活動で外国語の音声や基本的な表現に慣れ親しませたことを踏まえ，『読むこと』，『書くこと』については，中学年の外国語活動では指導しておらず，慣れ親しませることから指導する必要があり，『聞くこと』，『話すこと』と同等の指導を求めるものではないことに留意する必要がある。」とあり，これからも分かるように，この2つの技能については，慣れ親しませる段階に留め，過度の負担を子ども達に強いるべきではないとしていることが分かる。また，「中学年における外国語活動で音声や基本的な表現に慣れ親しみ，外国語学習への動機付けを高める上で，高学年から発達段階に応じて段階的に『読むこと』，『書くこと』を加え，これまでの課題に対応するため，英語の文字や単語などの認識，日本語と英語の音声の違いやそれぞれの特徴への気付き，語順の違い等への気付きをなど，言語能力向上の観点から言葉の仕組みの理解などを促す指導が求められる。」とあり，指導の在り方も示されている。そして，「『読むこと』，『書くこと』に関しては，英語の文字の名称の読み方を活字体の文字と結び付け，名称を発音すること，四線上に書くことができるようにするとともに，<u>中学年の外国語活動を通して，『十分に音声で慣れ親しんだ簡単な語彙や基本的な表現』について，読んだり書いたりすることに細かな段階を踏んで慣れ親しませた上で</u>，『語順を意識しながら書き写すことができるようにする』，『自分のことや身近で簡単な事柄について，例文を参考に書くことができるようにする』といった実際のコミュニケーションにおいて活用できる基礎的な技能となることをめざす必要がある。（下線部筆者）」とある。下線部から分かるように，「読むこと」や「書くこと」においては，普段から無理をせず，スモールステップで，少しずつレベルを上げていくことが求められている。このことは，はじめは英語を読めなかったとしても，スパイラルに読む練習を繰り返し，いつか読めるような段階にたどり着ければよいと考えることである。はじめから結果だけを求めて，子どもに負担感を感じさせることのないようにすることが大切なのである。

　以下に，「読むこと」についての注意点を示す。

「読むこと」とは

　「読むこと」には2つの面がある。1つ目は，英文を音読するという「読むこと」である。これは，例えばI like to watch baseball. の1文があるとする。これを，声を出して読むことが音読である。また，この音読にも2つあり，1つは，英文の意味を捉えずに，単に，機械的に発音やリズム，イントネーションなどに注意しながら，英語を読む音読と，意味を捉えながら英文を読んでいく音読とがある。「読むこと」の2つ目には，英文の表す意味を理解しなが

ら「読むこと」である。これは，音読なしに，黙読しながら意味を理解していく「読むこと」である。先ほどの I like to watch baseball. であれば，音読せずに「野球を見るのが好き」と意味を捉えていくことである。日本の小説を読むときのように，黙読しながらストーリーを追っていくことを考えれば，最終的には，英語においても，英文を黙読しながら意味を捉えていくことができるようになることが最終段階なのである。そこで，小学校の「国語」の授業を考えてみると，教科書の本文を声を出して音読させたり，音読練習を宿題にしたりしている。これは，まず，日本語を正しく読めるようにすることであるが，読んでも内容を100％理解できない場合もあるので，後で担任が意味を説明したりしている。英語の「読むこと」もこれとほぼ同等である。ただし，英語は日本語と異なり，意味を主体的に指導すると，英語特有の発音やリズムで読むことができなくなる恐れがあり，意味を理解させる前に，まずは音読から取り組ませなければならないのである。

「読むこと」の指導

「読むこと」の指導では，先の国語科の指導と同じように，音読を中心に指導するところから始める。既に，中学年で文字を見ずに語彙や表現の音声に慣れ親しんできていることから，次の段階として，文字を見ながらの音読を取り入れていく。この際，意味を強調することよりも，単語の発音，音の連結やリズム，イントネーションに注意しながら読ませていくことである。そのために，モデルとなる読み方を何度も聞かせ，真似ながら繰り返し音読させる。もちろん，家庭学習として，スマートフォンでQRコードからモデルの音読を聞き，練習させることも可能である。授業では，音読の後に，意味を捉えるために日本語訳を与えるのではなく，できるだけイメージを持ちながら音読できるように，ジェスチャーを多用したり，ピクチャーカードを利用したりして，英文と内容についてのイメージを連結させることが大切である。

具体的な「読むこと」の指導

例えば，次の文章があるとする。

I want to be a dancer. I like P.E. I like dancing. I'm good at dancing. What do you want to be? Thank you.

①モデル・リーディング（担任によるモデルの音読を聞く）
②コーラス・リーディング（意味は特に捉えずに，担任の後について音読をする）
③インディビジュアル・リーディング，バズ・リーディング（個人で音読練習をする）
④ペア・リーディング（ペアで読み合う）
⑤グループ・リーディング（グループで読み合う）
⑥モデル・リーディング（意味を捉えながら音読する。ダンスの真似やジェスチャーを加える）
⑦コーラス・リーディング（意味を捉えながら，担任の後について音読する）
⑧インディビジュアル・リーディング，バズ・リーディング（意味を考えて音読練習をする）
⑨ペア・リーディング（ペアで読み聞かせをする。相手に意味が伝わるように音読をする）

第5学年　読むことを重視した授業例（45分）

1　単　元　He can play tennis very well.

2　主　題　友達を紹介する文を読んでみよう

3　本時の目標と評価のポイント（評価を行う）（5／8h）

(1)友達を紹介している英文を読む。（思考・判断・表現）

(2)友達を紹介している英文を，推測しながら読もうとしている。（態度）

4　スモールトーク（導入：担任の友達のことが書かれたプリントを配布）

　　Hello. My name is Yui, Maiko's Friend. Nice to meet you. I live in Tokyo. I like sushi very much, but I don't like wasabi. I can dance very well. I can't run fast. I like reading books. Thank you.

5　授業案

時	子どもの活動	担任の活動	留意（◎評価）
挨拶(7)	1．挨拶をする。 　Hello. Mr.(Ms). Kiyama. 　I'm super. How are you? 2．担任の友達のことが書かれたプリントを読む。 ・プリントを見ながら，担任の友達に関する質問に答える。	○笑顔で，大きな声で挨拶をする。 　Hello, everyone. How are you? 　I'm so-so, thank you. ○担任の友達のことが書かれたプリントを配布し，読ませる。 ・プリントを見ながら，担任の友達に関する質問に答えさせる。 ・「友達は何と何が好きですか。」 ・「得意なことと苦手なことは何ですか。」	・プリントをじっくり読ませる。
導入(15)	1．めあてを読んで確認する。 　友達を紹介する文を読んでみよう。 2．教科書を見ずに，担任のモデル・リーディングを聞く。 3．担任の後に続いて，英文を読む。 4．教科書を開き，担任のモデル・リーディングを聞く。 5．教科書の見ながら，担任の後に続いて英文を読む。	○本時のめあてを確認する。 　友達を紹介する文を読んでみよう。 ○教科書にある英文をモデルとして読む。 ○担任の後に続いて，英文を読ませる。 ○教科書を開かせ，再度，担任のモデル・リーディングを聞かせる。 ○教科書の英文を見ながら，担任の後に続いて英文を読ませる。	・担任の真似をして読ませる。
展開(20)	1．ペアになって読み聞かせを行う。 2．内容についての担任の質問に答える。 3．内容が理解できているか答える。 4．内容をイメージしながら，ペアで再度，読み聞かせをさせる。 5．数名の子どもがモデルとして，本文を読む。	○ペアになって読み聞かせをさせる。 ○全体に，どのようなことが書かれているか尋ねる。 ○内容が理解できているか尋ねる。 ○内容をイメージしながら，ペアで再度，読み聞かせをさせる。 ○数名の子どもにモデルとして，本文を読ませる。	・しっかりと読み聞かせる。 ◎内容をイメージしながら読む。
振返挨拶(3)	1．振り返りシートを書く。 2．授業の感想を述べる。 3．挨拶をする。	○振り返りシートを書かせる。 ○子どもを指名し感想を述べさせる。 ○挨拶をする。	

第6学年　読むことを重視した授業例（45分）

1 単　元　Brown bear, Brown Bear, What Do You See?

2 主　題　絵本を読んでみよう

3 本時の目標と評価のポイント（評価を行う）（7／8h）

(1)世界の有名な絵本を読む。（思考・判断・表現）

(2)友達に分かるように絵本を読もうとしている。（態度）

4 スモールトーク（導入：絵本を見せながら）

Hello. Do you know this book? Yes? This is "Brown Bear, Brown Bear, What Do You See?" It is written by Bill Martin Jr and Eric Carle. It is very popular in the world. It is an interesting book. I like it. Thank you.

5 授業案

時	子どもの活動	担任の活動	留意 (◎評価)
挨拶 (7)	1．挨拶をする。 　Hello. Mr. (Ms). Kamei. 　I'm fine. How are you? 2．絵本についての話を聞き，質問に答える。	○笑顔で，大きな声で挨拶をする。 　Hello, everyone. How are you? 　I'm sleepy, thank you. ○絵本についてのスモールトークをする。 ・「どのような絵本ですか。」	・はっきり分かりやすいように話す。
導入 (7)	1．めあてを読んで確認する。 　友達に絵本を読んで聞かせよう。 2．"Brown Bear, Brown Bear, What Do You See?"を聞く。 3．再度，担任の読み聞かせを聞く。 4．1ページごとに，担任の後について，本文を音読する。 5．本文をチャンツで読む。	○本時のめあてを確認する。 　友達に絵本を読んで聞かせよう。 ○"Brown Bear, Brown Bear, What Do You See?"のビッグブックを見せながら，読んで聞かせる。 ○再度，イラストを指差しながら，ゆっくりはっきり読み聞かせる。 ○1ページごとに，担任の後について，本文を音読させる。 ○本文をチャンツで読ませる。	・静かに聞かせる。 ・大きな声で読ませる。
展開 (28)	1．一人一人が，"Brown Bear, Brown Bear, What Do You See?"の絵本を受け取る。 2．1人で本文を読む練習をする。 ・読めない単語や文がある場合には，担任に尋ねる。 3．ペアで読み聞かせを行う。 ・発音が間違っている単語や，イントネーションなどに問題がある場合には直し合う。 4．4，5名のグループになり，1人ずつ他の子ども達に読み聞かせをする。 5．グループの中で，読み聞かせが上手だった子どもを選び，全体の前で，読み聞かせを行う。	○一人一人に，"Brown Bear, Brown Bear, What Do You See?"の絵本を配布する。 ○1人で，本文を読む練習をさせる。 ・読めない単語や文があるかどうか尋ねる。 ・状況によっては，再度，モデルとなる読み聞かせを行う。 ○ペアで，読み聞かせをさせる。 ・発音が間違っている単語や，イントネーションなどに問題がある場合には直し合わせる。 ○4，5名のグループになり，1人ずつ他の子ども達に読み聞かせをさせる。 ○グループの中で，読み聞かせが上手だった子どもを選ばせ，全体の前で，読み聞かせを行わせる。	・何度も練習をさせる。 ◎間違えを訂正しながら，読んでいる。
振返 挨拶 (3)	1．振り返りシートを書く。 2．授業の感想を述べる。 3．挨拶をする。	○振り返りシートを書かせる。 ○子どもを指名し感想を述べさせる。 ○挨拶をする。	

12 第5・6学年 「書くこと」を重視した授業例

　「書くこと」は，「読むこと」と同様，高学年から取り扱うことになる。特に，「書くこと」は，「読むこと」以上に，子ども達にとっては抵抗感を多く感じることから，導入時期から，楽しく書く活動を取り入れながら指導をしていくことである。

　学習指導要領の解説編には，「(アルファベットの)<u>大文字及び小文字を正しく書き分けること</u>，語順を意識しながら，語と語の区切りに注意して，<u>音声で十分に慣れ親しんだ簡単な語句や基本的な表現を書き写すことができるようにすること。(下線筆者)</u>」とある。下線部の「大文字及び小文字を正しく書き分ける」にあるように，アルファベットの文字は，正しく書くことができるようにすることが求められている。ただし，これらの文字は，中学年で履修することから，中学年で音声とともに書き写したりしながら，高学年では正しく書くことができるように，4年間の継続した指導が必要となる。また，2つ目の下線部から，語句の綴りや表現などは，闇雲に新出事項を取り入れるのではなく，音声で何度も聞いたり話したりする活動を通して慣れ親しんだ語彙や表現を書き写すことから始めることが求められている。この段階を通過した後，学習指導要領解説では，「例えば，英語で書かれた文，又はまとまりのある文章を参考にして，その中の一部の語，あるいは一文を自分が表現したい内容のものに置き換えて文や文章を書くことができるようにすることを示している。例えば，名前や年齢，趣味，好き嫌いなど自分に関する事柄について，英語で書かれた文，またはまとまりのある文章の一部を，例示された語句，あるいは文の中から選んだものに置き換えて，自分に関する文や文章を書く活動が考えられる。その際，例示された中に児童の表現したい語句，又は文がない場合は，指導者が個別に書きたい語句を英語で提示するなど，児童の積極的に書こうとする気持ちに柔軟に対応する必要がある。」とある。このことから，仮に以下の文が教科書にあったとする。
(教科書本文)

・Hello. I'm <u>Kenji</u>. I'm <u>eleven</u> years old. I like <u>dogs</u>, but I don't like <u>cats</u>.

　この例文から，下線部を自分に置き換えてノートに書かせてみる。すると，以下のような文を書くことができる。

・Hello. I'm <u>Mai</u>. I'm <u>twelve</u> years old. I like <u>strawberries</u>, but I don't like <u>apples</u>.
・Hello. I'm <u>Takahiro</u>. I'm <u>ten</u> years old. I like <u>soccer</u>, but I don't like <u>baseball</u>.

　これらは，教科書本文の下線部だけを自分に当てはめて置き換えたものである。多くの部分は教科書を書き写してはいるが，下線部も含めて，中学年から何度も自己紹介などで聞いたり話したりしてきた語句や表現である。しかも，全てを機械的に書き写しているのではなく，一部でも自分のことを考えながら書いたことで，知的にも楽しい活動となる。

　次に，学習指導要領には，言語活動及び言語の働きに関する事項として，「書くこと」の指導について段階を踏んで書かれている。次の順で指導をしていくことになる。

文字の読み方が発音されるのを聞いて，活字体の大文字，小文字を書く活動

　　ここには，「『書くこと』の指導事項のうち最も基本的なものであり，最終的には，児童が何も見ることなく自分の力で活字体の大文字，小文字を書くことができるように指導する必要がある（下線筆者）」とあり，「書くこと」では，まず，アルファベットの文字から始め，小学校卒業段階には，全ての大文字，小文字を正しく書くことができるようにしなければならないということである。

相手に伝えるなどの目標をもって，身近で簡単な事柄について，音声で十分に慣れ親しんだ簡単な語句を書き写す活動

　　ここには，「この事項は，（中略）『活字体の大文字，小文字を書く活動』の延長線上にある事項と考えられる。したがって，（中略：アルファベットの文字の後としての）順序性を踏まえること，十分な時間を確保して四線上に書かせるようにすること，丁寧に見届け指導に生かすことなどは，この事項においても重要である。」とあり，子ども達が何度も目にしている単語は，四線に書き写して，慣れさせることである。この場合の四線は，中学校で使用しているものと同様，四線の間隔が全て等しいものを使用することである。特に上から二線目と三線目の間隔が幅広のものは，中学生になって書くことの困難さを感じかねないので使用するべきではない。

相手に伝えるなどの目的をもって，語と語の区切りに注意して，身近で簡単な事柄について，音声で十分に慣れ親しんだ基本的な表現を書き写す活動

　　ここには，「この事項では，語と語の区切りに注意させることも指導する。英語では単語を一つずつ区切って書くことが日本語の表記方法と異なる点の一つである。日本語の表記方法に慣れている児童は，語と語を続けて書いてしまう場合が少なくない。」とあるように，先にも述べたが，例えば，I like apples. を Ilikeapples. と書く子どももいるということである。この点は，しっかりと指導しなければならない点である。

相手に伝えるなどの目的を持って，名前や年齢，趣味，好き嫌いなど，自分に関する簡単な事柄について，音声で十分に慣れ親しんだ簡単な語句や基本的な表現を用いた例の中から言葉を選んで書く活動

　　ここには，「『書く』とは，例となる文を見ながら，自分の考えや気持ちを表現するために，例となる文の一部を別の語に替えて書くことである。」，また，「『例の中から言葉を選んで』と示していることから分かるように，その段階（何も見ることなく児童が自分の力で書くことができるようになる）までは求めていない。」とあるように，小学校の最終段階では，自分の気持ちや考えなどを自由に書けるまでの到達目標ではない。この段階は中学校の目標であるが，その前段階までは育てなければならないのである。

第5学年　書くことを重視した授業例（45分）

① 単　元　ALPHABET（A～Z, a～z）

② 主　題　アルファベットの文字を正しく書こう

③ 本時の目標と評価のポイント（評価を行う）（2／2h）

(1)アルファベットの大文字小文字を正しく書くことができる。（知識・技能）

(2)アルファベットの大文字小文字の間違いを積極的に直そうとしている。（態度）

④ スモールトーク（導入）

　Hello. Can you write the 26 letters of the alphabet? Is it easy or difficult for you? I think 'b' and 'd' are difficult. And 'p' and 'q' are difficult, too. Are you OK? Let's write the 26 letters of the alphabet. Thank you.

⑤ 授業案

時	子どもの活動	担任の活動	留意（◎評価）
挨拶 (7)	1．挨拶をする。 Hello. Mr.(Ms). Tsubota. I'm hungry. How are you? 2．アルファベットの文字についての話を聞き，質問に答える。	○笑顔で，大きな声で挨拶をする。 Hello, everyone. How are you? I'm good, thank you. ○アルファベットの文字についてのスモールトークをする。 ・「難しい文字は何と何ですか。」 ・「また，何と何の文字が難しいですか。」	・はっきり分かりやすいように話す。
導入 (15)	1．めあてを読んで確認する。 アルファベットの文字を正しく書く。 2．黒板に貼ってあるアルファベットの大文字のカードを見ながら，担任の後から繰り返し発音する。 3．黒板に貼ってあるアルファベットの小文字のカードを見ながら，担任の後から繰り返し発音する。	○本時のめあてを確認する。 アルファベットの文字を正しく書く。 ○アルファベットの大文字のカードを黒板に貼り，AからZまで読み，子ども達に繰り返させる。 ○アルファベットの小文字のカードを黒板に貼り，aからzまで読み，子ども達に繰り返させる。	・文字の読み方の復習をする。 ・担任の真似をして発音させる。
展開 (20)	1．アルファベットのカードを見ながら，ノートに書く練習をする。 2．担任が発音した大文字をノートに書く。 3．発音された文字を確認する。 4．担任が発音した小文字をノートに書く。 5．発音した文字を確認する。 6．アルファベットの文字に関するテストに取り組む。（テストは次ページを参照）	○黒板に貼っておいたアルファベットのカードを見ながら，ノートに書く練習をさせる。 ○黒板に貼ってあったアルファベットのカードを外してから，大文字をいくつかを発音し，ノートに書かせる。 ○発音した文字を確認させる。 ○小文字をいくつかを発音し，ノートに書かせる。 ○発音した文字を確認させる。 ○アルファベットの文字に関するテストに取り組ませる。（テストは次ページを参照）	・書いている状況の確認。 ◎アルファベットの文字を正しく書くことができる。
振返 挨拶 (3)	1．振り返りシートを書く。 2．授業の感想を述べる。 3．挨拶をする。	○振り返りシートを書かせる。 ○子どもを指名し感想を述べさせる。 ○挨拶をする。	

〈6学年：書くことを確認するテスト例〉

　　　　　　　　　　　　　　　　　○○組　番号○○○　　氏名　○○○○○

【聞き取りクイズ】
1．発音されるアルファベットの大文字を書きましょう。（下線部は全て四線）
　（1）_____　（2）_____　（3）_____　（4）_____　（5）_____
　　　　　　　　　　　　　　　　　スクリプト：(1)F　(2)G　(3)M　(4)R　(5)Y
　　　（注意：子ども達ができる文字と理解できていない文字とを組み合わせる）

2．発音されるアルファベットの小文字を書きましょう。（下線部は全て四線）
　（1）_____　（2）_____　（3）_____　（4）_____　（5）_____
　　　　　　　　　　　　　　　　　スクリプト：(1)b　(2)f　(3)g　(4)q　(5)y
　　　（注意：高さに注意が必要な文字と紛らわしい文字とを組み合わせる）

3．自分の名前を例を参考に書きましょう。（下線部は全て四線）
　（例）　Akashi Mayumi　　（名字）_____　（名前）_____

4．次の単語を正しく書き写しましょう。（下線部は全て四線）
　（1）　February　　　　_____
　（2）　December　　　　_____
　（3）　Wednesday　　　 _____
　（4）　usually　　　　 _____
　（5）　favorite　　　　_____

5．次の表現を正しく書き写しましょう。（下線部は全て四線）
　（1）　When is your birthday?
　　　　_____
　（2）　You can run fast.
　　　　_____
　（3）　Turn left at the first corner.
　　　　_____
　（4）　I study arts and crafts on Tuesdays.
　　　　_____
　（5）　I sometimes go to bed at eleven.
　　　　_____

6．次の文を参考にして，下線部を替え自分の好きなタレントやスポーツ選手などを紹介する文を
　　4文書きましょう。（下線部は全て四線）
（例文）　① I like Imoto Ayako.
　　　　② She is a comedian.
　　　　③ She is very fun.
　　　　④ She is from Tottori.
　　　　　① _____
　　　　　② _____
　　　　　③ _____
　　　　　④ _____

Chapter 5 資料編
小学校英語教師のための基礎知識

すぐに使えるクラスルーム・イングリッシュ250

　授業の中で指導者が使う英語をクラスルーム・イングリッシュ（教室英語）と呼ぶ。これは，子ども達の英語力や聞き取る力を単に伸ばすためのものではなく，授業の雰囲気づくりや，子ども達を英語の音や表現に慣れさせ，英語に対する抵抗感を減らすために用いるものである。指導者は，子ども達の反応を見ながら，話すスピードを調整したり，時には強弱をつけたりしながら，気持ちを英語に向かわせるようにコントロールしていきたい。例え指導者が英語の発音を苦手としても，毎回少しずつでも使うことにより，話すことに慣れ，発音も改善し，抵抗なく使えるようになるものである。最も悪いことは，使うことを躊躇して，日本語ばかりで授業を進めてしまうことである。これは，子ども達のために決して良いことではない。とにかく使いながら慣れていくことが大切である。

　では，クラスルーム・イングリッシュをどの程度使用すればよいのであろうか。子ども達の状況にもよるが，授業全てを無理に英語で進めると，コミュニケーション活動や言語活動などのルールや方法の説明は難しく，子ども達が徐々に話を聞かなくなることも予想される。このような場合，無理に英語で説明はせずに，効率を考えながら日本語で説明し，それ以外の指示や激励などは常に英語で話しかけるようにしたいものである。このように使い分けをすることが重要なのである。もちろん，活動などの説明は無理に言葉で説明するより，モデルなどを示しながら理解させることが早道である。まずは無理をせず，少しずつでも英語を使っていくことがポイントなのである。

　クラスルーム・イングリッシュの表現では，文末に please を付けると丁寧な言い回しになり，授業の雰囲気も和むが，例えば，クラス全体が騒がしい場合には，日本語で「静かにしなさい！」などと注意するときのように，語気を強めて "Be quiet!" と言う場合や，ほんの数人に注意したい場合には，小さな声で，"Be quiet, please." と話しかけるのも効果がある。つまり，英語と日本語は別モノとは考えずに，英語の表現にも感情を込めて，日本語のように自然に使えるようにしていきたいものである。

　次のページから示すものは，授業で用いられるクラスルーム・イングリッシュの例である。これらは，私が文部科学省教科調査官時代に小学校に外国語活動を導入するに当たり，指導者研修に使うよう作成したものである。今回，本書作成に当たり，一部手直ししたものである。できる限り難しいものは避け，カテゴリー別にまとめた。これらを使いこなすことで，授業の質も変化し，子ども達の態度も変化していく。発音に自信がない場合には，授業前にネイティブ・スピーカーや英語の堪能な先生方に発音の矯正をしてもらうこともお勧めする。

　一方，子ども達の聞く力を向上させたい場合には，クラスルーム・イングリッシュとは別に，教師によるスモールトーク（ティーチャーズトーク）を数多く聞かせることがポイントである。この点については他のページで述べている。

挨拶の表現 ❶：授業のはじめに

❶おはようございます。	Good morning.
❷こんにちは。	Hello. / Good afternoon.
❸こんにちは，みなさん。	Hello, everyone.
❹元気ですか。今日の調子はいかがですか。	How are you? / How are you today?
→元気です。	→ I'm fine. / I'm good. / I'm OK.
→幸せです。	→ I'm happy.
→まあまあです。	→ I'm so-so.
→眠いです。	→ I'm sleepy.
→お腹がすいています。	→ I'm hungry.
→寒いです（暑いです）。	→ I'm cold.（I'm hot.）
→悲しいです。	→ I'm sad.
❺体調はどうですか。	How are you doing?
→いいですよ。	→ Good.（OK. / Alright.）
→悪いです。	→ Bad.
→よくないです。	→ Not so good.
❻今日は何曜日ですか。	What day is it today?
→木曜日です。	→ It's Thursday.
❼今日は何月何日ですか。	What is the date today?
→10月5日です。	→ It's October fifth.
❽天気はどうですか。	How is the weather today?
→晴れ（雨，曇り，雪）です。	→ It's sunny.（rainy, cloudy, snowy）
❾誰か休んでいますか。	Who's absent today?
❿みんないますか。	Is everybody here?
⓫何か変わったことありましたか。	What's new?
⓬誰が当番（日直）ですか。	Whose turn is it today?

挨拶の表現 ❷：授業の終わりに

❶振り返りシートは書きましたか。	Did you finish writing the reflection sheet?
❷今日の授業はどうでしたか。	How was today's class?
❸今日の授業は楽しかったですか。	Did you enjoy today's class?
❹誰か答えてもらえませんか。	Any volunteers?
❺今日はこれで終わります。	That's all for today. / We're finished.
❻また次回会いましょう。	See you next time.

❼気を付けて。	Take care.
❽次の授業（来週）で会いましょう。	See you next class (week).
❾さようなら。	Good-bye. / See you.
❿良い週末を。	Have a nice weekend.

授業開始時の表現

❶立ってください。	Stand up.
❷座ってください。	Sit down.
❸大きな声で言いなさい。	Speak louder. / Speak up.
❹笑顔で。	With a smile.
❺席に戻りなさい。	Go back to your seat.
❻準備はいいですか。	Are you ready?
❼始めましょう。	Let's begin. / Let's start. / Shall we begin?
❽英語の授業を楽しみましょう。	Let's enjoy English class.

褒める表現

❶よくできました。	Good. / Great. / Good job. / Well done. / You did it.
❷素晴らしいですね。	Wonderful. / Excellent. / Marvelous. / Fantastic. / Super. / Perfect.
❸よくやりました。	Good try. / Good challenge.
❹正解です。	That's right.
❺よい考えです。	That's a good idea.
❻おめでとう。	Congratulations.
❼よくがんばりました。	You did a good job.
❽（大変）ありがとう。	Thank you (very much). Thanks (a lot).
❾（彼／彼女）に拍手しましょう。	Let's give (him / her) a big hand.
❿お手伝いしてくれてありがとう。	Thank you for your help.
⓫よくなってきましたよ。	You're getting better.
⓬よくがんばっていますね。	You're doing (fine / great / well).
⓭とてもはっきりと言えていますよ。	You speak very clear.
⓮楽しい時間でした。	We had a good time.

励ます表現

❶惜しい。　　　　　　　　　　　　　Close. / Almost.
❷あきらめないで。　　　　　　　　　Don't give up. / Never give up.
❸心配しないで。　　　　　　　　　　Don't worry.
❹大丈夫ですよ。　　　　　　　　　　It's OK.
❺よくやったね。　　　　　　　　　　Nice Try. / Good try. / Nice challenge.
❻もう一度。　　　　　　　　　　　　Once more. / One more time.
❼もう一度やりなさい（話しなさい）。　（Try / Say）it again.
❽がんばろう。　　　　　　　　　　　Good luck. / Do your best.
❾恥ずかしがらないで。　　　　　　　Don't be shy.
❿落ち着いて。　　　　　　　　　　　Take it easy. / Relax. / Calm down.
⓫あなたならできるよ。　　　　　　　You can do it.
⓬焦らないで。　　　　　　　　　　　Take your time. / Don't rush.
⓭間違えても大丈夫だよ。　　　　　　It's OK to make mistakes.
⓮はじめからもう一度やってみなさい。　Start over.
⓯その調子で。　　　　　　　　　　　Keep it up.
⓰それでいいよ。　　　　　　　　　　That's good.

注意する表現

❶静かにしなさい。　　　　　　　　　Be quiet.
❷話をやめなさい。　　　　　　　　　Stop talking.
❸よく聞きなさい。　　　　　　　　　Listen carefully.
❹目を閉じなさい。　　　　　　　　　Close your eyes.
❺目を開けなさい。　　　　　　　　　Open your eyes.
❻CDを聞きなさい。　　　　　　　　　Listen to the CD.
❼聞こえません。　　　　　　　　　　I can't hear you.
❽これを見なさい。　　　　　　　　　Look at this.
❾これをしっかり見なさい。　　　　　Look at this carefully.
❿私を見なさい。　　　　　　　　　　Look at me.
⓫相手を見なさい。　　　　　　　　　Look at your partner.
⓬それを見せなさい。　　　　　　　　Show it to me.
⓭片付けなさい。　　　　　　　　　　Put your things away.
⓮丁寧に書きなさい。　　　　　　　　Draw it neatly.

コミュニケーション活動，言語活動の開始の表現

❶活動（ゲーム）をしましょう。　　　　　Let's play activities. / Let's play a game.
❷テキストを取り出しなさい。　　　　　　Take out your textbook.
❸テキストの7ページを開きなさい。　　　Open your textbook to page seven.
❹ページをめくりなさい。　　　　　　　　Turn the page.
❺テキストを閉じなさい。　　　　　　　　Close your textbook.
❻テキストを片付けなさい。　　　　　　　Put your textbook away.
❼このワークシートを持っていますか。　　Do you have this worksheet?
❽机をきれいにしなさい。　　　　　　　　Clean your desk.
❾全てを片付けなさい。　　　　　　　　　Put everything away.
❿歌を歌いましょう。　　　　　　　　　　Let's sing a song.
⓫この歌は好きですか。　　　　　　　　　Do you like this song?
⓬チャンツをしましょう。　　　　　　　　Let's chant.
⓭はさみを持っていますか。　　　　　　　Do you have scissors?
⓮机を合わせなさい。　　　　　　　　　　Put your desks together.
⓯机を後ろに下げなさい。　　　　　　　　Move your desks to the back.

コミュニケーション活動，言語活動の表現

❶ペアになりなさい。　　　　　　　　　　Make pairs.
❷ペアを代えなさい。　　　　　　　　　　Change pairs.
❸相手を代えなさい。　　　　　　　　　　Change partners.
❹3人グループを作りなさい。　　　　　　Make groups of three.
❺5人グループになりなさい。　　　　　　Make groups of five.
❻ワークシートを持っていますか。　　　　Do you have the worksheet?
❼ワークシートに名前を書きなさい。　　　Write your name on the worksheet.
❽ワークシートを見なさい。　　　　　　　Look at the worksheet.
❾並びなさい。　　　　　　　　　　　　　Line up.
❿向かい合いなさい。　　　　　　　　　　Face each other.
⓫2列に並びなさい。　　　　　　　　　　Make two lines.
⓬3チームに分かれなさい。　　　　　　　Make three teams.
⓭円になりなさい。　　　　　　　　　　　Make a circle.
⓮円になって座りなさい。　　　　　　　　Sit in a circle.
⓯歩き回りなさい。　　　　　　　　　　　Walk around.
⓰こちらに来なさい。　　　　　　　　　　Come here.

❼前に来なさい。　　　　　　　　　Come to the front.
❽前の方に移りなさい。　　　　　　Move forward.
❾真ん中に来なさい。　　　　　　　Come to the center.
⓴後ろに下がりなさい。　　　　　　Step back.
㉑脇に移動しなさい。　　　　　　　Go to the side.
㉒ここに立ちなさい。　　　　　　　Stand here.
㉓ここに座りなさい。　　　　　　　Sit down here.
㉔あちらに座りなさい。　　　　　　Sit over there.
㉕準備はいいですか。　　　　　　　Are you ready?
㉖私の番です。　　　　　　　　　　It's my turn.
㉗あなたの番です。　　　　　　　　It's your turn.
㉘最初は誰ですか。　　　　　　　　Who's first? / Who goes first?
㉙どうぞ（始めて／進めて）。　　　Go ahead.
㉚お先にどうぞ。　　　　　　　　　After you.
㉛役割を変えなさい。　　　　　　　Change roles. / Switch roles.
㉜これはあなたの役割です。　　　　This is your role.
㉝じゃんけんをしなさい。　　　　　Do *janken*.
㉞質問はありませんか。　　　　　　Do you have any questions?
㉟他に質問はありませんか。　　　　Any other questions?
㊱手伝ってくれますか。　　　　　　Can you help me?
㊲やってくれる人はいますか。　　　Any volunteers?

カードを使ったコミュニケーション活動，言語活動の表現

❶カードを配りなさい。　　　　　　Deal the cards.
❷カードを取り出しなさい。　　　　Take out your cards.
❸カードを裏返しなさい。　　　　　Turn over your cards.
❹カードの表を上にしなさい。　　　Put your cards face up.
❺カードを切りなさい。　　　　　　Shuffle your cards.
❻カードを1枚取りなさい。　　　　 Take one card.
❼カードを交換しなさい。　　　　　Change your cards.
❽カードを隣の人に渡しなさい。　　Pass the card to the next student.
❾カードを持っていますか。　　　　Do you have a card?
❿カードを挙げなさい。　　　　　　Raise the card.
⓫カードを背中の後ろに隠しなさい。Hide the cards behind your back.

Chapter 5　資料編　小学校英語教師のための基礎知識　119

⑫カードを広げなさい。　　　　　　　　Spread the cards out.
⑬カードをグループの人に見せなさい。　Show your cards to the groups.
⑭カードを見せてはいけません。　　　　Don't show your cards.
⑮カードを持ってきなさい。　　　　　　Bring me a card.
⑯カードを集めなさい。　　　　　　　　Collect your cards.

すごろくゲーム等ボードゲームの表現

❶すごろくシートはありますか。　　　　Do you have a *sugoroku* sheet?
❷サイコロを振りなさい。　　　　　　　Roll the dice.
❸2コマ進みなさい。　　　　　　　　　Go forward two spaces.
❹4コマ進みなさい。　　　　　　　　　Move up four spaces.
❺2コマ戻りなさい。　　　　　　　　　Go back two spaces.
❻1回休みです。　　　　　　　　　　　You lose a turn. / You miss a turn.
❼（上に）上がる。　　　　　　　　　　Go up.
❽（下に）下がる。　　　　　　　　　　Go down.
❾順番を決めなさい。　　　　　　　　　Decide the order.
❿誰の番ですか。　　　　　　　　　　　Whose turn is it?
⓫私の番ですか。　　　　　　　　　　　Is it my turn?
⓬あがりです。　　　　　　　　　　　　I've done. / I'm out.

コミュニケーション活動，言語活動の終了時の表現

❶終わりです。　　　　　　　　　　　　Time's up. / We're done.
❷やめなさい。　　　　　　　　　　　　Stop now.
❸終わったら座りなさい。　　　　　　　When you're done, sit down.
❹カードを数えなさい。　　　　　　　　Count your cards.
❺何枚カードを持っていますか。　　　　How many cards do you have?
❻何ポイント取りましたか。　　　　　　How many points did you get?
❼いくつビンゴができましたか。　　　　How many bingos did you have?
❽誰が勝ちましたか。　　　　　　　　　Who won?
❾引き分けです。　　　　　　　　　　　It was a tie.
❿麻衣さんの勝ちです。　　　　　　　　Mai is the winner.
⓫どうでしたか。　　　　　　　　　　　How was it?
⓬がんばりましたか。　　　　　　　　　Did you do your best?
⓭ワークシートを集めなさい。　　　　　Collect your worksheet.

その他様々な表現

❶ もう一度言ってください。　　　　　　Pardon me? / Could you say that again?
❷ 一緒に言いましょう。　　　　　　　　Let's say it again.
❸ 練習しましょう。　　　　　　　　　　Let's practice.
❹ グループで話し合いましょう。　　　　Talk in your group. / Discuss it in groups.
❺ お餅を英語で何と言いますか。　　　　How do you say *omochi* in English?
❻ 木山君の話を聞きましょう。　　　　　Let's listen to Kiyama kun.
❼ CDがちゃんと聞こえますか。　　　　 Can you hear the CD all right?
❽ 聞こえません。　　　　　　　　　　　I can't hear you.
❾ 何が見えますか。　　　　　　　　　　What do you see?
❿ これが見えますか。　　　　　　　　　Can you see this?
⓫ これをしっかり見なさい。　　　　　　Look at this carefully.
⓬ 私を見なさい。　　　　　　　　　　　Look at me.
⓭ それを見せなさい。　　　　　　　　　Show it to me.
⓮ 相手を見なさい。　　　　　　　　　　Look at your partner.
⓯ 私を見て，同じことをしなさい。　　　Copy me.
⓰ 私の後について繰り返しなさい。　　　Repeat after me.
⓱ 大きな声で話しなさい。　　　　　　　Louder. / Speak up.
⓲ はい，どうぞ。　　　　　　　　　　　Here you are. / Here you go.
⓳ 手を挙げなさい。　　　　　　　　　　Raise your hands.
⓴ 手を下げなさい。　　　　　　　　　　Put your hands down.
㉑ これを知っていますか。　　　　　　　Do you know this?
㉒ 分かりますか。　　　　　　　　　　　Do you understand?
㉓ あなたの顔の絵を描きなさい。　　　　Draw a picture of your face.
㉔ 線を引きなさい。　　　　　　　　　　Draw a line.
㉕ その絵まで線を引きなさい。　　　　　Draw a line to the picture.
㉖ 点と点を結びなさい。　　　　　　　　Connect the dots.
㉗ リンゴを赤で塗りなさい。　　　　　　Color the apple red.
㉘ リンゴを丸で囲みなさい。　　　　　　Circle the apple.
㉙ 絵を切り取りなさい。　　　　　　　　Cut out the pictures.
㉚ ノートに貼りなさい。　　　　　　　　Glue it in your notebook.
㉛ 残り1分です。　　　　　　　　　　　 One minute left.
㉜ もう1分延長します。　　　　　　　　 I'll give you one more minute.
㉝ 「英語が好きですか」と友達に尋ねなさい。　Ask your friend, "Do you like English?"

〈ALT（ネイティブ・スピーカー）との会話表現〉

　　ALT（Assistant Language teacher）とのティーム・ティーチングで授業を行う場合，打ち合わせや授業内での会話が不可欠である。英語が苦手だからといって避けてはいられない。少々間違ってもよいので，自信を持って話すことが大切である。もちろん，時には日本語で話してもよい。ここは日本の学校なのであるから。しかも，ALTは，あくまでも指導者のアシスタントに過ぎない存在である。授業を責任持って行うのは担任の教師なのである。いい加減にALTに任せて，英語嫌いの子ども達を育てたのでは，ALTの責任ではなく，担任等の指導者の責任なのである。

打ち合わせでの表現 ❶：日程，場所について

❶今日は3時間あります。	We have three classes today.
❷1，3，5時間目に授業があります。	We have class in the first, third and fifth periods.
❸5年生の授業は3時間目です。	Grade five will be in the third period.
❹4年2組の授業は5時間目です。	Grade four, class two will be in fifth period.
❺今日の授業は40分です。	Classes are forty minutes long today.
❻3時間目は10時20分から始まります。	Third class will start at ten-twenty.
❼5時間目は2時30分に終わります。	Fifth class will finish at two-thirty.
❽これが今日のスケジュールです。	This is the today's schedule.
❾これが今週のスケジュールです。	This is the schedule for this week.
❿これが来週のスケジュールです。	This is the schedule for next week.
⓫今日は体育館で授業をします。	We will have class in the gym today.
⓬今日はコンピュータ教室で授業をします。	We will use the computer room today.

打ち合わせでの表現 ❷：授業について

❶これが今日の指導案です。	This is today's lesson plan.
❷今日はユニット5です。	Today's lesson is Unit 5.
❸今日は色について学びます。	We're going to learn about colors.
❹子ども達はこれらの単語を知っています。	The students know these words.
❺子ども達はこれらの表現を知りません。	The students don't know these expressions.
❻これらの単語は新出単語です。	These are new words.
❼どう発音するのですか。	How do you pronounce it?
❽どう綴るのですか。	How do you spell it?
❾今日の授業では何をしたいですか。	What do you want to do in class today?

⑩何か助言はありますか。　　　　　　　　Do you have any suggestions?
⑪良いアイディアはありませんか。　　　　Do you have any good ideas?

授業での表現

❶みんなの前で自己紹介をしてください。　　Introduce yourself to the class.
❷あなたの国について話してもらえますか。　Can you tell them about your country?
❸デモンストレーションをしましょう。　　　Let's demonstrate for the students.
❹モデルを示しましょう。　　　　　　　　　Let's show them a model of the dialog.
❺スキットをやって見せましょう。　　　　　Let's demonstrate the skit for everyone.
❻あなたはA，私はBをします。　　　　　　You'll be A, and I'll be B.
❼ゲームの説明をしてください。　　　　　　Explain the rules of the game.
❽歌を歌った後にゲームをしたいのですが。　After a song, I want to play a game.
❾ゲームを変えましょう。　　　　　　　　　We should change the game.
❿一緒にクイズをしましょう。　　　　　　　Let's do the quiz together.
⓫もう一度言ってください。　　　　　　　　Say it again.
⓬ゆっくり言ってください。　　　　　　　　(A little more) Slowly.
⓭英語で言ってください。　　　　　　　　　Can you say that in English?
⓮手伝ってください。　　　　　　　　　　　Can you help me?
⓯黒板に絵を描いてください。　　　　　　　Draw the picture on the blackboard.
⓰子どもにアドバイスをしてください。　　　Give the students some advice.
⓱時間です。　　　　　　　　　　　　　　　Time's up.
⓲終わらなければなりません。　　　　　　　We have to finish it up.
⓳あと5分あります。　　　　　　　　　　　We have five more minutes.
⓴なるほど。　　　　　　　　　　　　　　　I see.

授業後の表現

❶今日の授業はどうでしたか。　　　　　　　How was today's class?
❷今日の授業はすごく良かったです。　　　　Today's lesson was very good.
❸今日の授業はあまり良くありませんでした。Today's lesson was not so good.
❹テンポが（速すぎ／遅すぎ）ました。　　　The tempo was too (fast / slow).
❺これが次の時間の指導案です。　　　　　　This is the lesson plan for the next class.
❻次の授業では新しい話題を始めます。　　　We will start a new topic in the next class.
❼子ども達と一緒に昼食を食べますか。　　　Do you have lunch with the students?

英語教育重要キーワード70

a

●**accuracy：アキュラスィー（正確さ）**

英語を話す際の正確さのことで，発音や文法，構文などの正しさを含む場合もある。コミュニケーション能力を判断する際には，この accuracy と fluency（流暢さ）が必要とされ，スピーチコンテストなどの評価のポイントの一つとなっている。

●**Active Learning：アクティブ・ラーニング（主体的・対話的で深い学び）**

アクティブ・ラーニングは，そもそも1991年にアメリカのチャールズ・ボンウェルとジム・エイソン（Bonwell & Eison）が提唱した学習論で，それを，大学教育改善のために日本に持ち入れられたが，2020年から実施の学習指導要領にも取り入れられ，「主体的・対話的で深い学び」と呼ばれる。文部科学省の用語集では，「教員による一方的な講義形式の教育とは異なり，学修者の能動的な学修への参加を取り入れた教授・学習法の総称。学修者が能動的に学習することによって，認知的，倫理的，社会的能力，教養，知識，経験を含めた汎用的能力の育成を図る。発見学習，問題解決学習，調査学習等が含まれるが，教室内でのグループ・ディスカッション，ディベート，グループ・ワーク等も有効なアクティブ・ラーニングの手法である。」としている。

また，チャールズ・ボンウェルとジム・エイソンの提唱する学習論を小学校に当てはめて日本語に訳すと次のようになる（菅訳）。「児童は，受動的に教師からの話を一方的に聞くのではなく，（教師は一方的に児童に話すのではなく），様々な活動（例えば，読む，話す，書く）に積極的に参加させながら，単に知識や情報の伝達から，より高い能力や技能の習得をめざすとともに，より積極的な態度の育成をもめざす。また，授業では，児童に興味・関心を持たせ，教師側からのフィードバックを受けながら，より深い思考状態（内容を深く読み取ったり，深く考えたりする）にもっていく。」

これらから分かるように，授業は教師が一方的に教えるのではなく，子ども達が自ら考え，自ら課題を見つけ，自ら解決方法を見いだすなど，子どもを中心として授業を行うことが求められている。ここから，思考力，判断力，表現力が向上すると考えられている。

●**affective filter：アフェクティヴ・フィルター（情意フィルター）**

心理的な抵抗感のことで，仮に「英語が苦手」と感じている子どもがいたとすると，英語に対する自信のなさや不安感などから心に壁ができ，その壁が障害となって，英語になかなか慣れ親しめなかったり，英語自体を受け入れないなどの状況をつくっている場合が多い。抵抗が強い場合には「情意フィルターが高い」と言う。

●**ALT（assistant language teacher）：エー・エル・ティ（外国語指導助手）**

英語の授業を支援するアシスタントのことで，主に英語を母語としている人が雇われている。雇用形態から，JETプログラム（外国青年招致事業）で国に招聘されている人や，都道府県及び市町村に直接雇用されている人，民間派遣会社から市町村に派遣されている人など様々である。あくまでも立場はアシスタントなので，授業の構成や評価については担任などの指導者が責任を負うことになる。

●**alphabet：アルファベット**

英語で用いられる26文字のことで，a，e，i，o，uの母音字5文字とそれ以外の21文字からなる。英単語の発音の基本は，綴りを構成する母音字の音と子音字の音との組み合わせであるが，1文字の音には数種類あり，文字の組み合わせによって発音が異なってくることから，日本人には難しく感じられる場合がある。なお，アルファベットの呼び名は，ギリシャ語の最初の文字 α と β に由来するとされる。

●attitude：アティテュード（態度）
　学習者の学びに対する態度のことで，評価などにも使用される。スピーチコンテストや英語検定などの面接の評価ポイントの一つで，積極性や元気の良さ，声の大小，アイコンタクトなどを含む場合もある。

b

●backward design：バックワード・デザイン
　年間指導計画などを作成する際に用いられる考え方で，まず，指導者が求める子ども像をイメージしながらゴール地点（例えば，3月の学年末段階）の到達目標を定め，徐々に4月まで遡って決めていくことをいう。通常，年間指導計画は4月から作成し始めるが，指導者の希望や欲が高くなりすぎ，現実からかけ離れてしまう場合がある。それを避けるための作成方法である。小学校全体の計画（例えば6年間）を作成する際には，最終到達地点（卒業段階）から作り始めることになる。

●bilingual：バイリンガル
　2つの言語（例えば，日本語と英語のように）を共に母語のように使用できる人のことをいう。3つの言語を使うことができる人を trilingual：トリリンガル，複数以上（2つ以上）の言語を使用できる人のことを multilingual：マルチリンガルという。

●body language：ボディ・ランゲッジ（身体表現，身体言語）
　言葉を使うのではなく，顔の表情や身振り手振りなどのジェスチャーを使って，相手に意志や考えを伝える方法のこと。音声方法をとらないノンバーバルコミュニケーション（non-verbal communication）の一つである。

c

●CEFR（Common European Framework of Reference for languages：Learning, Teaching, Assessment）：セファアール（外国語の学習，教授，評価のヨーロッパ共通参照枠）
　シラバスやカリキュラムの作成，教材作成，英語運用能力の評価などに使用するヨーロッパの基準のこと。日本でもこれを参考に英語の指導の在り方，到達目標等が検討され，学習指導要領の「外国語」の領域別目標などにも影響している。しかし，日本にヨーロッパ基準そのものを持ち込んでもうまくいくかどうか疑問は残る。

●chants：チャンツ（リズム読み）
　リズムに合わせて，英語を読む指導法の一つで，単語や表現に慣れ親しませ，話す能力を向上させる目的で使われる。アメリカの C. Graham の考えた Jazz chants が基本となっている。これは，ジャズのリズムに合わせて英語を発音し，イントネーションや強勢，リズムを体得していくものである。また，文法を主に指導する場合には grammar chants と呼ばれる。

●choral reading：コーラル・リーディング（一斉音読）
　授業において，クラス全体やグループで音読をする練習方法の一つである。主に，指導者や ALT などがモデルを示し，それに続いて，一斉に声を揃えて音読をする。その際，テキストや教科書を見ながら音読するのでは効果が期待できないため，モデルの音声をしっかりと聞かせ，音読させることが大切である。

●classroom English：クラスルーム・イングリッシュ（教室英語）
　授業のはじめの挨拶や指示，質問，依頼，励ましなど，教師が授業で使用する表現をクラスルーム・イングリッシュという。これは，子どもの英語の聞く力を向上させるものではなく，あくまでも英語の授業の雰囲気づくりや英語を使うモデルを示すことである。そして，子どもが積極的に英語に慣れ親しませるための態度の涵養の意味も含んでいる。

●**correction：コレクション（訂正）**
　子どもが間違って言ったり書いたりした英語を，正しく言い直したり書き直したりすることをいう。例えば，スピーチを行った際，間違った発音や表現をしていたときには，正しい発音や表現を教えることは大切なことである。また，英語を書かせた場合にも，綴りや表現を正しく書き直すことも大切なことである。

●**communication activity：コミュニケーション・アクティビティ（コミュニケーション活動）**
　平成20年改訂の学習指導要領において，小学校高学年（5年，6年生）に導入された外国語活動では，子ども達の学習意欲を向上させるために様々なゲームや活動を取り入れた。これらをコミュニケーション活動と呼び，英語の発音や語彙，表現などに慣れ親しむために様々な場面が設けられた。これは，英語の導入期に他者との円滑なコミュニケーションを図ることを第一義としていることからコミュニケーション活動と呼んでいる。一方，英語運用能力向上を主な目標としている場合には言語活動と呼び，それぞれ区別しておきたい。

●**Course of Study：コース・オブ・スタディー（学習指導要領）**
　文部科学省が告示する教育課程の基準で法的根拠とされている。これから，学校で学ぶ各教科等の内容が定められている。改訂は従来10年ごとに改訂されていたが，社会の情勢を鑑みて，それよりも短い期間での改訂も是とされている。また，学習指導要領を詳しく解説しているものを「学習指導要領解説」と呼び，こちらは法的根拠を有していない。

●**cross curriculum：クロス・カリキュラム（教科横断型カリキュラム）**
　指導内容や活動において，子どもの興味・関心のある他教科の内容を盛り込んで指導することを意味し，例えば，音楽とのクロス・カリキュラムとして，英語の歌を歌ったり，チャンツのようにリズムに合わせて英語を読んだり，図画工作の時間に作成した作品を外国語の時間にショー・アンド・テルとしてスピーチをさせたりするなど，様々なことが考えられる。

●**curriculum：カリキュラム（指導計画）**
　一般に指導計画の意味であるが，具体的には，指導目標や指導内容，指導方法，指導手順，評価方法なども含んでいる。カリキュラム＝シラバスと考えることもできるが，カリキュラムの方が広義で使われる場合が多い。

d

●**debate：ディベート**
　1つのテーマに関して，肯定派と否定派に分かれて討論をし，勝敗を決める言語活動のことである。自分の気持ちとは裏腹に機械的に肯定派と否定派とに分けられるので，自分と異なる考えを理解したり，相手の立場に立って物事を考えたりできるようになるとされる。また，討論が盛り上がっても，冷静沈着に物事の判断ができるようになるとされる。

●**dictation：ディクテーション（書き取り）**
　音声を聞いて，読まれている単語や文章を書き取る練習やテストのことをいう。正確さが求められ，聞き取る能力と書く能力の向上を図る意図で用いられる。知的レベルに合わせて，アルファベットの文字レベルから単語，文，文章へと負荷をかけていくことができる。

●**drill：ドリル（訓練）**
　言語を習得するために，何度も繰り返し練習することをいい，漢字学習のように同じ漢字を何度も書きながら習得していくのと同様，英語でも単語を何度も書いて練習したり，同じ表現を何度も繰り返して定着を図ったりするなどのことである。活動などで繰り返し練習することはpractice：プラクティスともいう。

●**dyslexia：ディスレクシア（読み書き障がい）**
　学習障がい（learning disability）の一つで，読むことや書くことが困難な障がいのことをいう。アメリカでは約15％がディスレクシアとされ，大学入試においても配慮されている。俳優のトム・クルーズもディスレクシアで，読むことや書くことが困難とされる。ディクレシアの多くは，聞くことや話すことに困難はないが，文を読むことや文を書くこと，アルファベットの文字を書くことに困難な場合も見受けられる。日本でも今後，大きな課題となると思われる。
　これは，知的障がいのある人は含まれていない。

e

●**EFL（English as a foreign language）：イー・エフ・エル（外国語としての英語）**
　日本人のように母語が日本語で，英語を外国語として学んでいる場合を EFL と呼ぶ。教室の中だけで英語を学び，一歩教室を離れると，周りで使用されている言語が常に母語の環境にある状態のことをいう。

●**ESL（English as a second language）：イー・エス・エル（第二言語としての英語）**
　日本人の子どもが，親の仕事の関係でアメリカに移り住んだとする。家や学校では母語である日本語を使ったり学んだりするが，それ以外の場所では全て英語を使用することになる。このように，生活に欠かせない英語は母語同様に大切な言語となり，生きていく上で不可欠な言語となる。これが ESL である。

●**evaluation：エバリエーション（評価）**
　一般に評価の意味で，高学年においては，教科としての「観点別学習状況の評価」として，中・高等学校と同様に，「知識・技能」「思考・判断・表現」「主体的に学習に取り組む態度」の3観点で評価を行うことになる。評価を下すためには，筆記テストのみならず，インタビュー（面接），スピーチ，簡単な語句や文を書くなどのパフォーマンス評価，活動の観察など多様な評価方法を用いて，子どもの学習状況を的確に評価することが求められる。

●**eye contact：アイ・コンタクト**
　コミュニケーションを図る際に，相手の目を見ながら話すこと。これは，ノンバーバルコミュニケーションの一つでもあり，目を合わせながら話すことの苦手な子どもに対しては，相手の目を見ながら話す練習を繰り返しさせて，徐々に慣れさせることが大切である。

f

●**feedback：フィードバック**
　feed とは「食べ物を与える」，back は「戻す，返す」の意味で，「食べ物を返す」「栄養を与える」という意味になる。したがって，子ども達のコミュニケーション活動や言語活動を通して，できたことについて褒めたり，誤りを訂正したり，あるいは，発表の後に様々な改善点に気付かせたりして，英語運用能力の向上をめざすために行うものである。

●**flash card：フラッシュカード**
　単語や熟語，連語などを書き込んだカードのことで，一般に中学校の英語の授業で多く使用されている。新出単語を導入する際に，単語を短時間提示して発音させたり，短時間で文字を認識させたりするのに使用される。小学校では flash card の代わりに，絵やイラストが大きく載せられた picture card を用いる。

●**fluency：フルエンスィー：流暢さ**
　英語を話したり書いたりする際に，英語がよどみなく出てきたり，的確で自然な英語で書いていたりすることである。これは，accuracy（正確さ）と同様に，スピーチコンテストなどの評価のポイントの

一つとなっている。
- **four skills：フォー・スキルズ（4技能）**

　英語の4つの技能のことで，聞くこと（listening），話すこと（speaking），読むこと（reading），書くこと（writing）に分けられる。2020年から実施される学習指導要領では，4つの技能のうち，話すことを「やり取り」と「発表」の領域に分け，5つの領域としてコミュニケーション活動及び言語活動を行うこととしている。また，外国語活動で取り扱う技能は主に聞くことと話すことを中心としており，外国語の教科では全ての技能を取り扱う。

g

- **game：ゲーム**

　英語導入期の子どもに，抵抗感を持たせずに楽しく英語に触れさせるために行う活動のことで，情意フィルターを下げることも一つの目標である。時には遊びのようにも見えるが，この積み重ねが，スキル向上をめざす言語活動を行う際にも，抵抗感なく取り組ませることができる。ただし，勝敗を競うゲームになると，勝負にこだわり，英語そっちのけで興奮する子どももいることから，注意を払いたい。

- **gesture：ジェスチャー（身振り，手振り）**

　言葉を用いずに，身体の一部を使って相手に意志や考えなどを伝える方法をいう。ノンバーバルコミュニケーション（non-verbal communication）の一つでもある。英語においては，言葉で伝えられる部分（verbal communication）は約4割，残りの約6割は言葉以外のジェスチャーや顔の表情で相手に伝えていると言われる。

- **grammar：グラマー（文法）**

　英語を構成する語や句，文などのルールのことである。日本の英語教育においては，中学校は文法シラバスで英語を教え，小学校では場面シラバス（例えば，買い物や道案内などの様々な場面で使用される表現を指導する）で教えている。小学校では文法を体系的に教えることはない。

- **group work：グループ・ワーク**

　3人以上で，コミュニケーション活動や言語活動を行うことで，特に，アクティブ・ラーニングの手法を取る場合には効果が期待できるとされる。また，2人で行う活動はペア・ワークと呼ばれる。

i

- **information gap task：インフォーメーション・ギャップ・タスク（情報交換活動）**

　子ども達の間に異なる情報（information gap）を持たせ，対話等（task）で異なる情報を伝え合わせ，情報の共有化を図らせること。例えば，2人にそれぞれ異なる建物名が記載されている地図を持たせ，空欄となっている場所に建物名を相手に尋ねながら書き入れ，地図を完成させる活動などがこれに当たる。

- **input：インプット（入力）**

　英語学習において，英語を聞くことや読むことを通して，様々な情報を受け入れることをいう。そして，これらの情報を言語情報として自分の中に取り込み，知識・技能として持つことをインテイク（intake），それらを話したり書いたりして表出させることをアウトプット（output）と呼ぶ。インプットからインテイク，そしてアウトプットに至る過程では，情報量が徐々に減っていくため，たくさん話させたり書かせたい場合には，多くの量をインプットする必要がある。

- **intake：インテイク（取り込み）　→　input**
- **interaction：インタラクション（相互交流）**

　相手と言葉を通して，互いに交流することをいう。例えば，授業中に教師が子どもに"What color do you like?"と尋ね，子どもがI like blue.と答えるような場面があるが，これは単に2人の会話とし

てではなく，他の子ども達にモデルとなるように交流しているのであり，答えた子どもの言語能力にも効果をもたらすことが考えられる。

- **interview test：インタビュー・テスト（面接テスト）**
  学習した語彙や表現が活用できるようになっているかどうかを評価するための一つの方法である。テストには様々な手法があり，例えば，提示した絵や写真が何かを答えさせる方法や，学習した表現を使って質問する方法などで，習得状況が分かる利点がある。

j

- **jazz chants：ジャズ・チャンツ → chants**

l

- **learning strategy：ラーニング・ストラテジー（学習方略）**
  英語習得のための効果的な学習の方法のことで，教師側の視点ではなく，学習者である子ども達の視点で考えることが必要である。例えば，教師の一方的な講義を漫然と聞かせるのではなく，ペアやグループで楽しく学ばせながら英語を習得させるなどと考えることである。

- **lesson plan：レッスン・プラン（指導案，授業案）**
  授業を行う際の指導計画のことで，teaching plan とも言われる。通常，これには単元名，主題，目標，評価のポイント，準備物，時間配分，子どもと教師別に書き分けられた指導内容・手順などが書かれている。

- **listening test：リスニング・テスト（聞き取りテスト）**
  聞き取る能力を測るテストで，簡単に学習内容の理解度を測ることができる。導入期には解答用紙に文字は使わず，イラストにチェックさせる方法などを取る。学習レベルに応じて，スピードや聞き取る回数，文の長さなどを調整することが大切である。

m

- **module：モジュール（短時間学習）**
  通常，小学校の授業時間は45分であるが，これを15分を3回に分けたり，22分と23分とに分けたりしながら，短い時間で学習することをいう。集中力の持続しない低学年や中学年には適していると言われる。

o

- **output：アウトプット（出力，産出） → input**

p

- **pair work：ペア・ワーク（ペア活動）**
  2人で行う活動のことで，グループ活動よりも発話回数が増え，大勢の前で恥ずかしがって声を出しにくい子どもにとっても出しやすい状況をつくり出すことができる。

- **pattern practice：パターン・プラクティス（文型表現練習）**
  主に中学校以降で利用される文型表現定着のための反復練習のことである。これは，小学生には機械的すぎることから，すぐに飽きてしまい，効果が薄い場合が多い。

- **performance test：パフォーマンス・テスト（言語運用能力テスト）**
  学習したことが，いかに子どもの言語運用能力を向上させているかを評価する方法のことである。これには，インタビュー・テストやスキット，スピーチ，ショウ・アンド・テル，プレゼンテーション，演劇，簡単な英作文などが含まれる。

- **phonics：フォニックス**
  アメリカなどの英語圏の子ども達は生まれながらにして英語の音を耳から聞き，音に慣れ，発音もあ

る程度確立した段階で，その音から文字化するために用いられる規則のことをいう。したがって，日本の子どもに取り入れるためには，十分に音声を聞かせてから導入することが求められる。むやみにphonicsありきでは，英語嫌いを生むことにもなりかねない。この危惧から，学習指導要領では，音と綴りとの関係は中学校からの指導内容としている。

- **picture card：ピクチャー・カード（絵カード）→　flash card**
- **practice：プラクティス（練習）→　drill**

q

- **Q&A（questions and answers）：キュー・アンド・エー（問答，質疑応答）**

教師と子ども，または子ども同士がお互いに質問したり答えたりする活動のことで，学習の内容や表現の確認として用いられる。

r

- **read and look up：リード・アンド・ルックアップ**

テキストを音読練習する際，本文の文字だけを追いながら読むのではなく，本文を時々見て，時々テキストから目を離して顔を上げ，他の人に話しかける練習方法のことをいう。

- **repetition：レペティション（反復）**

教師の後に続いて発音を繰り返したり，英文を反復したりする練習方法のことである。その際，モデルは正しい発音をし，正確な英文を話すことに努める必要がある。子どもに指示を出す場合には"Repeat after me."の表現が使われる。

- **role play：ロール・プレー（役割別活動）**

対話などにおいて，AさんとBさんのように役割を分担して演じる活動のことをいう。スキットや演劇などでも用いられる。授業では何度も役割を変え，多くの友達と交流できるように工夫することが大切である。

s

- **schema：スキーマ（予備知識）**

英文の内容を理解するために必要とされる予備知識や情報のことをいう。事前に知識や情報がない場合，いかに単語の意味や構文が分かったとしても，内容について理解することはできない。そのために，新しく取り扱う単元では，当初に取り扱う内容についての予備知識を与えておくことが必要である。つまり，教師のスモールトークや目標の提示が重要になってくる。

- **shadowing：シャドーイング**

英文を見ずに，耳から入ってくる音声を聞こえたままに発声する練習方法のことをいう。Shadowとは影の意味で，人の影のように音声にピッタリとつながって発声することを意味している。正しい発音や表現の向上のための練習として広く行われている。

- **show and tell：ショー・アンド・テル**

絵や写真を提示しながらスピーチを行う方法のことをいう。スピーチを聞く側には，スピーチだけを一方的に聞くことに困難を感じる子どもがいる一方，スピーチをする側も，拠りどころのない状態でスピーチを行うことに不安を感じる子どももおり，事物を利用してスピーチをさせることで，不安や困難を緩和させることができる。

- **small talk（teacher's talk）：スモールトーク**

教師が自分の日常生活や体験について，英語で聞かせることをいう。例えば，単元の内容に即して「先生の好きな動物について」「先生の夏休みの思い出」など，短い文章で話し，授業の内容についてイメージさせる。これにより子ども達は興味や関心を持って授業に積極的に取り組むことができる。

- **speaking test：スピーキング・テスト（会話テスト）**
　話す能力を測るテストのことである。方法としては，直接，子どもにインタビュー（面接）したり，スキットなどでのロール・プレーを評価したり，スピーチやショー・アンド・テルなどを評価する。その際，ビデオなどで録画して，テスト後に，時間をかけてじっくりと評価することもできる。
- **stress：ストレス（強勢）**
　単語を発音する際や英文を読む場合の際の強さの度合いをいう。英文では通常，特に強調したい部分や伝えたい部分を強く読む。
- **syllabus：シラバス　→　curriculum**

t

- **task：タスク（活動）**
　ある到達目標に向かって，達成のために行う活動のことをいう。目標に応じて活動も異なることから，到達目標を明確にし，どの方法が最も効果的な指導なのかなどを十分に検討することが必要である。
- **three hint quiz：スリー・ヒント・クイズ**
　3つのヒントを提示して，何について述べているのかを考えさせるクイズのことである。例えば，Hint1: I'm black and white.　Hint2: I like bamboo leaves.　Hint3: I'm from China. 答えは Pandas である。これは教師側から一方的に問うだけではなく，子ども達にも作成させることで，思考させ，深い学びにつなげることができる。
- **TT（team teaching）：ティーム・ティーチング**
　担任などの教師と ALT，または英語に堪能な地域人材と2人以上で授業を行うことを意味する。ただし，授業主体は常に担任などの教師であり，ALT や地域人材はあくまでもアシスタントまたは支援者という立場であることを忘れてはならない。評価についても，担任などの教師が責任を負い，ALT や地域人材の意見は参考にとどめるものとする。

v

- **verb：バーブ（動詞）**
　主語が行う動作，状態を表すものである。英文を理解させるためには，文中で主語と動詞を見つけ出させるところから始める。
- **vocabulary：ボキャブラリー（語彙）**
　一語一語の単語を英語では word といい，単語の集合体を vocabulary と呼ぶ。オックスフォードの辞書には all the word that a person knows. とある。また，日本語で「あの人は単語力がある」などと言うが，これは，「あの人は語彙力がある」が正しい表現である。

w

- **world Englishes：ワールド・イングリッシーズ（世界英語）**
　アメリカやイギリスといった英語を母語とする国の英語だけが本来の「英語」ではなく，世界各地の母語話者以外の人々が使う英語も「英語」として認めていこうという考え方をいう。
- **writing test：ライティング・テスト**
　書く力を判断するテストのことであり，アルファベットの文字，単語の綴り，英文，文章に至るまでの書く能力を測るものである。通常は書かせて行わせるが，タイプライターやコンピュータ，積み木などを並べることでも評価は可能である。

3 小学校英語教育の歴史的変遷

現在,小学校で行われている英語教育(外国語活動・外国語)の導入から現在に至るまでの歴史を見ていきたい。様々な変遷を経ていることが分かる。

時　　期	内　容（下線部は筆者が英語導入に影響した点と考えるところ）
1986（昭和61）年4月	内閣総理大臣(当時は中曽根康弘首相)の諮問による臨時教育審議会「教育改革に関する第二次答申」の中の「外国語教育の見直し」において,「まず,中学校,高等学校等における英語教育が文法知識の修得と読解力の養成に重点が置かれ過ぎていることや,大学においては実践的な能力を付与することに欠けていることを改善すべきである。今後,各学校段階における英語教育の目的の明確化を図り,学習者の多様な能力・進路に適応するよう教育内容を見直すとともに,<u>英語教育の開始時期についても検討を始める</u>。その際,一定期間集中的な学習を課すなど英語教育方法の改善についても検討する」とされた。
1992（平成4）年	大阪市立真田山小学校と大阪市立味原小学校が「英語学習を含む国際理解教育」の研究指定校となる(当時の文部大臣は鳩山邦夫氏)。これが<u>日本で初めての小学校における英語教育に関する研究開発学校</u>である。以後,全国に研究開発学校が指定される。
1996（平成8）年7月	第15期中央教育審議会第一次答申において,「小学校における外国語教育については,教科として一律に実施する方法は採らないが,国際理解教育の一環として,『総合的な学習の時間』を活用したり,特別活動などの時間において,地域や学校の実態等に応じて,子供たちに外国語,例えば英会話等に触れる機会や,外国の世界・文化などに慣れ親しむ機会を持たせることができるようにすることが適当であると考えた」とした。
1998（平成10）年	改訂された学習指導要領の総則に,新設された『総合的な学習の時間』の取り扱いとして,「国際理解に関する学習の一環としての外国語会話等を行うときは,学校の実態等に応じ,児童が外国語に触れたり,外国の生活や文化などに慣れ親しんだりするなど小学校段階にふさわしい体験的な学習が行われるようにすること」と規定された。これにより英語活動が全国で広く行われるようになった。

2006（平成18）年3月	中央教育審議会外国語専門部会から「小学校における英語教育について」が出され，「高学年においては，中学校との円滑な接続を図る観点からも英語教育を充実する必要性が高いと考えられる。（中略）年間35単位時間（平均週1回）程度について共通の教育内容を設定する必要があると考える」とされた。
2007（平成19）年	『外国語活動』で使用されるテキスト『英語ノート』の作成が始まる。日本で初めての小学校で使用される英語のテキストである。
2008（平成20）年1月	中央教育審議会答申の中で，「総合的な学習の時間とは別に高学年において一定の授業時数（年間35単位時間，週1コマ相当）を確保することが適当である」として，外国語活動の新設が答申された。
2008（平成20）年3月28日	小学校学習指導要領を改訂し，小学校第5学年及び第6学年に外国語活動が位置付けられた。（年間35単位時間を『総合的な学習の時間』から『外国語活動』に移動）
同年	日本で最初の小学生用英語テキスト『英語ノート』が全国の研究開発校で試行される。
同年8月	『小学校学習指導要領解説（外国語活動編）』が出される。
2009（平成21）年〜2010（平成22）年	学習指導要領移行措置開始（2009年及び2010年）。改訂された『英語ノート』を使用した『外国語活動』の授業が高学年で開始される。
2011（平成23）年4月	学習指導要領が完全実施される。日本で初めて正式に『外国語活動』が第5学年及び第6学年で開始される。
2012（平成24）年4月	民主党政権の事業仕分けにより，テキストが『英語ノート』から"Hi, friends!"に変わる。
2016（平成28）年12月	中央教育審議会答申において，中学年ではコミュニケーション能力を養う『外国語活動』を，高学年では教科として系統的な指導を行う『外国語』を導入することとした。
2017（平成29）年3月	小学校学習指導要領が告示され，中学年に領域としての『外国語活動』が，高学年に教科として『外国語』が導入された。
2018（平成30）年4月〜2020年3月	学習指導要領移行措置（2018年度及び2019年度）開始。中学年で"Let's Try!"，高学年で"We Can!"のテキストが使用される。移行期間中は中学年で最低年間15時間，高学年で最低50時間実施（年間15単位時間を総合的な学習の時間を利用）することとした。
2020年4月〜	学習指導要領が完全実施される。高学年においては，文部科学省検定教科書が使用される。

引用・参考文献

菅正隆（1994）『オーラルコミュニケーション 生き生き授業』三友社出版
菅正隆・松川禮子・兼重昇・梅本龍多他（2008）『小学校外国語活動研修ガイドブック』旺文社
菅正隆（2010）『日本人の英語力 それを支える英語教育の現状』開隆堂
菅正隆・蛭田勲・佐々木淳一・信田清志（2017）『小学校教育課程実践講座 外国語活動・外国語』ぎょうせい
菅正隆・千早赤阪村立千早小吹台小学校（2018）『小学校外国語 "We Can!1" の授業＆評価プラン』明治図書
菅正隆・千早赤阪村立千早小吹台小学校（2018）『小学校外国語 "We Can!2" の授業＆評価プラン』明治図書
菅正隆・千早赤阪村立千早小吹台小学校（2018）『小学校外国語活動 "Let's Try!1&2" の授業＆評価プラン』明治図書
白畑知彦・冨田祐一・村野井仁・若林茂則（2003）『英語教育用語辞典』大修館書店
松川禮子・梅本龍多他（2001）『英語の歌と活動アイデア50 English Songs』文溪堂
文部科学省（2008）『小学校学習指導要領解説 外国語活動編』
文部科学省（2018）『小学校学習指導要領解説（平成29年度告示）外国語活動・外国語編』
文部科学省（2009）『英語ノート1』
文部科学省（2009）『英語ノート2』
文部科学省（2012）"Hi, friends!1"
文部科学省（2012）"Hi, friends!2"
文部科学省（2018）"Let's Try!1"
文部科学省（2018）"Let's Try!2"
文部科学省（2018）"We Can!1"
文部科学省（2018）"We Can!2"

【著者紹介】

菅　正隆（かん　まさたか）

大阪樟蔭女子大学教授。岩手県北上市生まれ。大阪外国語大学卒業後，大阪府立高等学校教諭，大阪府教育委員会指導主事，大阪府教育センター主任指導主事，文部科学省初等中等教育局教育課程課教科調査官・国立教育政策研究所教育課程研究センター教育課程調査官を経て，2009年4月より現職。文部科学省教科調査官時代，日本初の小学校外国語活動導入の立役者。英語授業研究学会理事。

著書に，『小学校外国語"We Can! 1"の授業＆評価プラン』，『小学校外国語"We Can! 2"の授業＆評価プラン』，『小学校外国語活動"Let's Try! 1 & 2"の授業＆評価プラン』，『アクティブ・ラーニングを位置づけた小学校英語の授業プラン』，『成功する小学校英語シリーズ　3年生からできる！モジュールを取り入れた外国語活動 START BOOK』（以上，明治図書），『平成29年改訂　小学校教育課程実践講座　外国語活動・外国語』（ぎょうせい）等多数。

日々の授業から校内研修・研究授業までフルサポート！
小学校外国語活動・外国語授業づくりガイドブック

2019年5月初版第1刷刊	ⓒ著　者	菅　　正　隆
2020年11月初版第3刷刊	発行者	藤　原　光　政
	発行所	明治図書出版株式会社

http://www.meijitosho.co.jp
（企画）木山麻衣子（校正）㈱東図企画
〒114-0023　東京都北区滝野川7-46-1
振替00160-5-151318　電話03(5907)6702
ご注文窓口　電話03(5907)6668

＊検印省略　　　　　　　組版所　藤原印刷株式会社

本書の無断コピーは，著作権・出版権にふれます。ご注意ください。

Printed in Japan　　　　　　　　　　ISBN978-4-18-291716-5

もれなくクーポンがもらえる！読者アンケートはこちらから
→

モジュールから45分の授業までの外国語活動をサポート！

成功する小学校英語シリーズ
3年生からできる！
モジュールを取り入れた
外国語活動 START BOOK

菅　正隆 編著／大牟田市立明治小学校 著
図書番号 7896／B5判 160頁／本体 2,260円+税

クラスが盛り上がりモジュールで使える15分の活動と45分の活動の指導案集。15分と45分の活動の組み合わせ方、評価のポイントなども紹介し、巻末には教材を収録。全時間の評価補助簿・振り返りカードがダウンロードできる外国語活動のスタートに欠かせない1冊。

新教材を使った移行期・先行実施の授業づくりに即対応！

『授業力＆学級経営力』PLUS
小学校外国語活動 "Let's Try! 1 & 2" の授業＆評価プラン
小学校外国語 "We Can! 1" の授業＆評価プラン
小学校外国語 "We Can! 2" の授業＆評価プラン

菅　正隆 編著／千早赤阪村立千早小吹台小学校 著
図書番号：0687（LT1＆2）／B5判 152頁／本体 2,300円+税
図書番号：2755（WC1）・2756（WC2）／B5判 136頁／本体 2,200円+税

明治図書　携帯・スマートフォンからは **明治図書ONLINE へ**　書籍の検索、注文ができます。▶▶▶
http://www.meijitosho.co.jp　＊併記4桁の図書番号（英数字）でHP、携帯での検索・注文が簡単に行えます。
〒114-0023　東京都北区滝野川7-46-1　ご注文窓口　TEL（03）5907-6668　FAX（050）3156-2790